Sustainable Finance

Benjamin M. Abdel-Karim · Franz Xaver Kollmer
Hrsg.

Sustainable Finance

Herausforderungen und technologische
Lösungen für Banken und
Finanzdienstleister

Hrsg.
Benjamin M. Abdel-Karim
Frankfurt am Main, Deutschland

Franz Xaver Kollmer
Heusenstamm, Deutschland

ISBN 978-3-658-36388-8   ISBN 978-3-658-36389-5 (eBook)
https://doi.org/10.1007/978-3-658-36389-5

Die Deutsche Nationalbibliothek verzeichnet diese Publikation in der Deutschen Nationalbibliografie; detaillierte bibliografische Daten sind im Internet über http://dnb.d-nb.de abrufbar.

Springer Gabler

Planung/Lektorat: Catarina Gomes de Almeida
Springer Gabler ist ein Imprint der eingetragenen Gesellschaft Springer Fachmedien Wiesbaden GmbH und ist ein Teil von Springer Nature.
Die Anschrift der Gesellschaft ist: Abraham-Lincoln-Str. 46, 65189 Wiesbaden, Germany

Vorwort

"The greatest threat to our planet is the belief that someone else will save it."

Robert Charles Swan, britischer
Polarforscher und Umweltschützer.

Die Umgestaltung unserer Gesellschaft und unserer Wirtschaft in Richtung Nachhaltigkeit – insbesondere die Erreichung der Klimaziele, der Schutz der Umwelt und die Verbesserung der sozialen Gerechtigkeit – unter Beibehaltung eines angemessenen Wohlstandsniveaus ist die zentrale Herausforderung der nächsten Jahre, um die Lebensqualität zukünftiger Generationen in Deutschland und weltweit zu bewahren. Der damit verbundene Transformationsprozess wird allen Beteiligten ein Höchstmaß an Veränderungswillen, Innovationskraft und Umsetzungsdisziplin abverlangen.

Die Finanzbranche mit ihrer breiten Kundenbasis und ihren weitgehenden Einflussmöglichkeiten muss dabei aus meiner Sicht eine zentrale, treibende Rolle einnehmen. Dies gilt nicht nur, weil es viele ihrer Kunden in zunehmendem Maße erwarten und daher auch ihr zukünftiger Geschäftserfolg davon abhängt, sondern weil Banken bekanntlich eine Schlüsselposition in unserem Wirtschaftsgefüge einnehmen und damit über signifikante Hebel verfügen, um notwendige Innovationen z. B. für Klimaschutz und soziale Gerechtigkeit zu ermöglichen und zu fördern. Die Entwicklung neuer Produkte und Services unter besonderer Berücksichtigung der ESG-Kriterien, Investitionen in die Nachhaltigkeit eigener Prozesse und Arbeitsweisen sowie nicht zuletzt die Umsetzung der neuen regulatorischen Anforderungen sind dazu wichtige Ansatzpunkte, die aktuell in vielen etablierten Häusern diskutiert werden. Darüber hinaus wird die Branche durch zahlreiche Fintechs und Startups bereichert, deren Geschäftsmodell ganz oder teilweise auf „Sustainable Finance" abzielt.

Das vorliegende Buch leistet vor diesem Hintergrund einen wichtigen Diskussionsbeitrag zur Weiterentwicklung des Finanzsektors, indem es eine systematische Aufbereitung der Problemstellung mit relevanten, innovativen Ansätzen aus der Praxis verbindet. Meine Hoffnung ist es, dass es damit dazu beiträgt, der Branche und ihren Partnern konkrete Ideen und Impulse für eine nachhaltige Transformation zu geben, die weit über das bisher Erreichte hinausgehen!

Hannover, Deutschland   Dr. Joachim Rawolle
07.03.2022

Inhaltsverzeichnis

Teil I Grundlagen zum Sustainable Finance

1 Wieso, Weshalb, Warum: Einleitung 3
Benjamin M. Abdel-Karim und Franz Xaver Kollmer
1.1   Motivation für dieses Buch 5
1.2   Aktuelle Problemstellung 7
1.3   Fragestellung und Aufbau des Buches 8
Literatur 10

2 Wichtige Punkte: Die Grundlagen 11
Benjamin M. Abdel-Karim und Franz Xaver Kollmer
2.1   Definitionsraum Sustainable Finance 11
2.2   Historische Einordnung des Sustainable Finance 12
Literatur 17

3 Konzeption und Einflussbereich des Sustainable Finance 19
Benjamin M. Abdel-Karim und Franz Xaver Kollmer
3.1   Konzeption des Sustainable Finance auf Basis der aktuellen
       Gesetzesentwürfe 19
3.2   Einflussbereiche des Sustainable Finance 21
Literatur 24

4 Abgeleitete Herausforderungen des Sustainable Finance 25
Benjamin M. Abdel-Karim und Franz Xaver Kollmer
4.1   Daten, Daten und nochmals Daten 25
4.2   Die Herausforderungen der unterschiedlichen Bankensysteme 27
Literatur 32

5 Nutzen wir Heute die Zukunft: Technologische Lösungsansätze 33
Benjamin M. Abdel-Karim und Franz Xaver Kollmer
5.1   Idealtypisches Fallbeispiel 33
5.2   Datenerfassung und Schnittstellen..................................... 34

5.3   Datenanalyse 36
5.4   Ergebnisdarstellung 40
Literatur 40

6   **Money, Money, Money und Daten: Von Daten zur Systematisierung
       der Sustainable Finance Wertschöpfungskette** 43
       Benjamin M. Abdel-Karim und Franz Xaver Kollmer
6.1   Datenwertschöpfungskette 43
6.2   Systematisierung der Datendienstleistungen 45
6.3   Integration der Datenwertschöpfungskette 47
Literatur 48

Teil II   Sichtweisen, Perspektiven und Anregungen

7   **Tomorrow: Sustainable Finance als Geschäftsmodell** 51
       Benjamin M. Abdel-Karim und Christian Rebernik
7.1   Geschichtlicher Hintergrund 51
7.2   Strategische Perspektive 52
7.3   Operative Umsetzung der Nachhaltigkeit als Geschäftsmodell 53
7.4   Investitionsprodukte 54
7.5   Interne Maßnahme zur Reduktion von Emissionen 55
Literatur 58

8   **IveOne: ESG-Scoring für die Blockchain – Warum Kryptowerte ein
       Gewinn für Sustainable Finance sind** 59
       Evgeny Matershev
8.1   Einleitung 59
8.2   Die Blockchain (r)evolutioniert den Finanzmarkt 60
       8.2.1   Vertrauen ist eine fundamentale Voraussetzung für einen
               funktionierenden Wirtschaftskreislauf 60
       8.2.2   Kryptowerte bereichern den Finanzmarkt 62
8.3   Das iVE.ONE ESG-Scoring Modell 64
       8.3.1   Kryptoinvestments verunsichern den Markt 64
       8.3.2   Aufbau iVE.ONE ESG-Scoring Modell – Was wird
               eigentlich gescored? 64
       8.3.3   Beschreibung der Datenpunkte 66
8.4   Score-Struktur und Berechnung 68
8.5   Beispielrechnung zu Bitcoin und Ethereum........................... 69
8.6   Aktuelle Herausforderungen 70
8.7   Ausblick in die Zukunft 70
Literatur 71

9 Smavesto: Nachhaltiges und automatisiertes Investieren 73
Dirk Rollenhagen und Otto Sascha
9.1 Idee des Sustainable Finance 73
9.2 Geschichtliche Entwicklung 74
9.3 ESG & SFDR – Herausforderung und Lösungen für Banken und
Finanzdienstleister 75
    9.3.1 Anforderungen an Nachhaltigkeit – EU-Regelwerk:
Offenlegungsverordnung (SFDR) seit März 2021 76
    9.3.2 Herausforderungen bei der Umsetzung von Sustainable
Finance 76
    9.3.3 Technologische Lösungen 77
9.4 Technologische Lösungen am Praxisbeispiel des Robo-Advisors
Smavesto 78
    9.4.1 Grundlagen von Smavesto 79
    9.4.2 Ziele des Roboadvisors Smavesto 80
    9.4.3 Implementierung von Sustainable Finance 80
    9.4.4 Implementierung einer künstlichen Intelligenz 81
    9.4.5 Kommunikation und Vermarktung 82
9.5 Ausblick 83
    9.5.1 Beurteilung der aktuellen Situation 83
    9.5.2 Handlungsempfehlung 84

**10 Quoniam: Wirkungsorientiertes Investieren am Beispiel eines
quantitativen Asset-Managers** 87
Mara Schneider und Luis Severien
10.1 Regulatorik als Treiber von Impact Investments 88
10.2 SDG als Rahmenwerk 89
10.3 Nachhaltiges Investieren für Quoniam 91
10.4 Methodik zur Messung der SDGs 92
10.5 Spezifische Erkenntnisse aus SDG-Daten 96
10.6 Von SDG-Daten zur Anlagestrategie 98
10.7 Impact Investing in liquiden Assetklassen 99
10.8 Der Weg bis 2030: Fazit und Ausblick 101
Literatur 101

**11 Nachhaltigkeitsbewertung im Fondsgeschäft mittels Natural
Language Processing** 103
Alexandra Zoller und Marco Becker
11.1 Nachhaltigkeit als branchenübergreifender Trend 103
11.2 Nachhaltigkeit in der Finanzbranche 104
11.3 Bedeutung von ESG für das Fondgeschäft 106
11.4 Kritik an ESG und die Einführung der Sustainable Finance
Disclosure Regulation 107

11.5   ESG-Analyse mithilfe von Natural Language Processing 109
       11.5.1   Grundlagen des Natural Language Processings 111
       11.5.2   Anwendungsbeispiele von Natural Language Processing
                für die ESG-Analyse 115
11.6   Fazit 118
Literatur 118

**12   Custom ESG: Bionic Advisory Ebnet den Weg für den Effektiven
       Altruismus** 121
       Kim Y. Mühl
12.1   Einleitung 121
12.2   Das Sustainable Finance-Dilemma: Nachhaltigkeit ist ein Konzept
       mit Raum für Interpretation 123
       12.2.1   Der Klimawandel 123
       12.2.2   Nach welchen Auswahlkriterien: Geldanlage-Strategien? 124
       12.2.3   Zwischen Greenwashing und Wertorientierung 126
12.3   Der effektive Altruismus als alternative Entscheidungsgrundlage
       für Custom ESG 128
       12.3.1   Der effektive Altruismus 128
       12.3.2   Die Impact-Geldanlage nach dem effektiven Altruismus 130
       12.3.3   Herausforderungen der Impact-Anlage nach dem
                effektiven Altruismus 131
12.4   Bionic Advisory – Die naturinspirierte Vermögensberatung 131
       12.4.1   Bionic Advisory ist mehr als ein Buzzword 131
       12.4.2   Die Bionik orientiert sich an der Natur 132
       12.4.3   Bionic Advisory hoch digital und menschlich 134
12.5   Bionic Custom ESG 136
12.6   Fazit: Sustainable Finance muss individuelle Wertvorstellungen
       reflektieren 137
       12.6.1   Die Bionic Advisory leitet einen Paradigmenwechsel ein 138
       12.6.2   Quick Fix: Schieberegler für individuelle
                Werteorientierung 139
12.7   Ausblick 139
       12.7.1   Bionic Fraud Detection 139
       12.7.2   Evolutionsbionik 140
       12.7.3   Islamic Finance 140
       12.7.4   Neurobionik 141
12.8   Plädoyer an die Branche 141
Literatur 142

Stichwortverzeichnis 143

Über die Herausgeber

Dr. Benjamin M. Abdel-Karim war als promovierter Wirtschaftsinformatiker für das Themenfeld Data-driven Sustainable Finance im Bereich Banking bei Capgemini verantwortlich. Im Zentrum dieser Tätigkeit steht die Entwicklung und Implementierung datengestützter Geschäftsprozesse mit dem Aspekt der Nachhaltigkeit. Bis März 2021 forschte und promovierte er Herr Dr. Abdel-Karim mit summa cum laude im Bereich der künstlichen Intelligenz im Kontext der Wissensextraktion. Das spezielle Augenmerk seiner Forschung sind künstliche neuronale Netze, beispielsweise zur Modellierung komplexer Finanzmarktstrukturen. Zuvor hat er eine klassische Bankausbildung sowie ein Bachelor- und Masterstudium in der Wirtschaftsinformatik absolviert.

Franz Xaver Kollmer war Leiter des Bereichs Business Technology Solutions Banking bei Capgemini Financial Services in Deutschland. Nach seinem Studium der Wirtschaftsinformatik konnte er in namhaften Beratungen umfangreiche Erfahrung in der IT-Beratung, großen Transformationsprogrammen und Digitalisierungsinitiativen sammeln. Zudem bringt Herr Kollmer Erfahrung aus der Start-up Welt mit. Sein Schwerpunkt liegt dabei in der Transformation von Plattformen und der Digitalisierung von Geschäftsbereichen mittels moderner Technologien, wie Cloud Computing und künstlicher Intelligenz.

Über die Autoren

Marco Becker ist seit August 2018 wissenschaftlicher Mitarbeiter der RWTH Aachen und erforscht Methoden der datengetriebenen Modellierung in der industriellen Anwendung. Seit April 2020 ist er Teil der Gruppe Digitale Technologien am Lehrstuhl für Technologie der Fertigungsverfahren. Zuvor war er in der Forschungsgruppe Industrial Big Data des Lehrstuhls für Informationsmanagement im Maschinenbau tätig. Im Rahmen seiner Tätigkeit hat Herr Becker neben öffentlichen Forschungsprojekten und Industrieprojekten, Machine-Learning-Seminare für Unternehmen im In- und Ausland gehalten. Marco Becker studierte in Aachen und La Défense und hat sein Studium des Wirtschaftsingenieurwesens mit Auszeichnung abgeschlossen.

Luis Severien ist seit 2019 für Quoniam im Team Multi-Asset tätig und entwickelt dort quantitative Investmentstrategien. Der Aufbau von alternativen Datenquellen sowie die Programmierung von Handelssignalen bilden hierbei seinen fachlichen Schwerpunkt. Sein tiefes Verständnis von Daten ermöglichen ihm deren Anwendung in vielerlei Kontexten, so beispielsweise auch im Bereich der Nachhaltigkeit. Herr Severien hat Wirtschaftsinformatik an der Goethe-Universität und am Massachusetts Institute of Technology studiert. Im Vorfeld zu seiner Tätigkeit bei Quoniam sammelte er Erfahrung im Umgang mit der datengetriebenen Programmierung bei Allen&Overy sowie ODDO BHF. Aktuell ist er nebenberuflich als wissenschaftlicher Mitarbeiter an einem Forschungsinstitut der Goethe Universität Frankfurt auf dem Gebiet der Neuroinformatik tätig. Auch dort beschäftigt er sich mit der Analyse und Weiterverarbeitung von komplexen Daten.

Kim Y. Mühl ist heute Botschafter für sinnstiftende Arbeit und sinnvolle Digitalisierung. Der ehemalige Head of Research & Business Development Europe eines global agierenden FinTech-Unternehmens aus dem Private Banking-Umfeld setzt sich beruflich wie auch privat intensiv mit Bionik, Nachhaltigkeit und dem Digitalen Wandel auseinander und teilt seine Expertise als Autor, Berater und Coach mit der Gesellschaft.

Evgeny Matershev ist Co-Gründer von iVE.ONE, einem 2017 in Frankfurt gegründeten FinTech dass sich auf die Tokenisierung von BaFin-konformen Kryptowerten (Security Token Offering, STO) und die Bereitstellung einer regulierten Blockchain-Infrastruktur spezialisiert. In seiner Rolle als Chief Product Officer verantwortet er die Entwicklung von digitalen Produkten im Bereich Digitale Assets und Blockchain Infrastruktur Lösungen und treibt die ESG-Bewertung von Blockchains und Kryptowerten maßgeblich voran. Zuvor arbeitete er mehr als 10 Jahre in der Finanzindustrie mit dem Fokus auf Wertpapiere, Banking und Payments.

Dr. Sascha Otto, Jahrgang 1978. Nach der Ausbildung zum Bankkaufmann bei der Hamburger Sparkasse AG folgte das Studium der Betriebswirtschaftslehre an der Universität Hagen sowie anschließende Promotion an der Helmut-Schmidt-Universität in Hamburg (Effizienzmarktanalyse der "London Metal Exchange"). Von 2000 bis 2006 bei der Hamburger Sparkasse AG als Vermögensberater tätig. Von 2007 bis 2008 tätig als Börsenhändler bei Bache Commodities Ltd. Von 2008 bis 2011 als freiberuflicher Vermögensberater bei der Hamburger Sparkasse AG beschäftigt. Seit 2012 Leiter des Wertpapier- und Portfoliomanagements der Sparkasse Bremen AG. Seit 2017 Geschäftsführer der smavesto GmbH.

Christian Rebernik, ist Seriengründer und Angelinvestor. Sein Fokus liegt hierbei auf Unternehmen mit einem Nachhaltigkeitsfokus. Vor diesem Hintergrund ist es nicht verwunderlich, dass Christian an N26, Tomorrow und Tomorrows Education bzw. Tomorrows University beteiligt ist. Das Theman Nachhaltigkeit ist für den Gründer und Investor essentieller Bestandteil im Schaffen, umso neue Perspektive für kommende Generationen zu haben. Christian hat vor seiner Zeit als Gründer und Investor ein Masterstudium in Wirtschaftsinformatik abgeschlossen.

Dr. Dirk Rollenhagen, Jahrgang 1969. Nach der Ausbildung zum Bankkaufmann bei der Hamburger Sparkasse AG folgte das Studium der Volkswirtschaftslehre. Anschließende erfolgte eine Promotion an der Universität Hamburg. Aufbauend auf den akademische Werdegang folgten berufliche Stationen. Unter anderem war Dr. Dirk Rollenhagen bei Sparkassen in Hamburg und Schleswig Holstein sowie einer Unternehmensberatung tätig. Ab 2011 wurde er Direktor des Private Bankings der Sparkasse Bremen AG. Seit 2018 ist Dr. Dirk Rollenhagen Geschäftsführer der smavesto GmbH.

Mara Schneider beschäftigt sich mit dem Thema Nachhaltigkeit seit 2013 in unterschiedlichsten Facetten. Ihre Expertise beruht auf einem Querschnittswissen angefangen bei der Implementierung von Nachhaltigkeitsstrategien in multinationalen Organisationen bis hin zu Sustainable Responsible Investing (SRI). Bereits während ihres Studiums an der EBS Universität für Wirtschaft und Recht, Oestrich-Winkel sammelte sie praktische Erfahrung zum Thema Nachhaltigkeit in der Chemiebranche, Logistik und im Finanzsektor. Darauf aufbauend beschäftigte sie sich mit Berichtsstandards wie GRI, UN Global Compact und SASB. Während ihrer Zeit bei KPMG prüfte sie Nachhaltigkeitsberichte von kapitalmarktorientieren Unternehmen und entwickelte Nachhaltigkeitsstrategien für den Finanzsektor sowie die Chemieindustrie. Ihre Expertise in der Umsetzung und Berichterstattung von Nachhaltigkeitsaktivitäten führte Sie in den Finanzsektor zur Quoniam Asset Management GmbH als SRI Managerin, um dort die Komplexität von Nachhaltigkeit in Investmentstrategien wirkungsorientiert zu gestalten.

Alexandra Zoller ist seit 2020 bei der ING Deutschland als Customer Journey Expert für die Weiterentwicklung und Betreuung von Produkten und technischen Prozessen im Investment- und Sparumfeld verantwortlich. Zuvor war sie mehrere Jahre als IT-Consultant für Banken und andere Finanzdienstleister im Bereich Prozessoptimierung, Produktentwicklung und Projektmanagement tätig. Frau Zoller hat neben Ihrer Tätigkeit als Beraterin ein Masterstudium in Technology & Management abgeschlossen.

Abbildungsverzeichnis

Abb. 1.1   Veröffentlichen Sie einen Nachhaltigkeitsbericht? 4
Abb. 1.2   Durchschnittstemperatur 5
Abb. 1.3   Relative Suchanteil der Suchanfrage bei Google für Sustainable
            Finance und Data Driven. Die Regression zeigt die Korrelation
            zwischen den beiden Themengebieten 8
Abb. 1.4   Der Aufbau des Buches gegliedert in Grundlagen- und
            Praxisbeiträgen. Systematisiert mit Hilfe einer Likert-Skala 9

Abb. 2.1   Ausgewählte Ereignisse und Gesetzgebungen des Sustainable
            Finance 13
Abb. 2.2   Umweltziele und Paragraphen der Taxonomie-Verordnung 15

Abb. 3.1   Die zentrale Idee des Sustainable Finance 20

Abb. 4.1   Ausgewählte Geschäftsbereiche einer Bank 26
Abb. 4.2   Ausgewählte Architekturen 28
Abb. 4.3   Vom Mainframe zu Microservices 31

Abb. 5.1   Idealtypisches Fallbeispiel der Software Architekturlandschaft,
            MS = Microservices 34
Abb. 5.2   Data Science 37
Abb. 5.3   Data Science Prozess 38

Abb. 6.1   Wertschoefungskette 45
Abb. 6.2   Taxonomie von möglichen data driven Sustainable Fianze
            Produkten 46
Abb. 6.3   Integration der Datenwertschöpfungskette 47

Abb. 7.1   Das Geschäftsmodell von Tomorrow 52

Abb. 10.1   Verteilung der Unternehmen mit SDG-Impact Rating nach
            Regionen   95
Abb. 10.2   Wertebereiche der SDG Impact-Ratings unterteilt nach
            GICS-Industrien weltweit   95
Abb. 10.3   Wertebereiche der einzelnen SDGs über alle Unternehmen
            weltweit   96
Abb. 10.4   Ratings der 17 SDGs nach Industrien weltweit   97
Abb. 10.5   Von SDG-Daten zur Anlagestrategie   98

Abb. 11.1   Top-Interessen junger Wähler 105
Abb. 11.2   Beispiele ESG Kriterien 106
Abb. 11.3   Principle Adverse Impacts (PAIs) 110
Abb. 11.4   Beispiel für One Hot Encoding 111
Abb. 11.5   Word2vec-Architektur i.A.a. Mikolov et al. (2013) 112
Abb. 11.6   Exemplarische Darstellung eines künstlichen neuronalen
            Feedforward-Netzes 114
Abb. 11.7   Schematische Darstellung rekurrenter neuronaler Netze im
            Gegensatz zu Feedforward-Netzen 114
Abb. 11.8   Beispiel für Relevanz von Attention bei Übersetzungsaufgaben 115

Abb. 12.1   Asset-Klassen nachhaltiger Fonds und Mandate in Deutschland
            2020 (in %) 125
Abb. 12.2   Nachhaltige Anlagestrategien der Fonds und Mandate in
            Deutschland (in Milliarden Euro) 126
Abb. 12.3   Top Down vs. Bottom Up Bionic Innovation in Anlehnung an
            Mühl (2021) 133
Abb. 12.4   Bionic Custom ESG – evolutionärer Portfoliokonstruktionsprozess 135

Tabellenverzeichnis

Tab. 7.1   Stufensystem für die Aufnahme einer Anlageoption in das
           Anlageuniversum   54
Tab. 7.2   Kategorisierung der Emissionsquellen für den
           Nachhaltigkeitsbericht..   57
Tab. 7.3   Kategorisierung der CO_2 Emissionen in drei Ebenen   57
Tab. 8.1   iVE.ONE ESG-Rating für Ethereum und Bitcoin   69
Tab. 10.1 Übersicht der Ansätze zur Wirkungsmessung   90
Tab. 10.2 Auswertung von Namen globaler Publikumsfonds nach
           Schlagwörtern. Morningstar, Stand Juni 2021, in Millionen Euro   90
Tab. 10.3 Vergleich von Methodiken ausgewählter Datenanbieter zur
           Messung der SDG   94

Teil I

Grundlagen zum Sustainable Finance

Benjamin M. Abdel-Karim und Franz Xaver Kollmer

Ab dem 01.01.2023 wird nach aktuellem Stand der Artikel 8 der Taxonomieverordnung in Kraft treten. Damit müssen alle Banken und Finanzdienstleister verpflichtend ihre Nachhaltigkeitsberichte für das Geschäftsjahr 2022 ausweisen.[1] Eine Studie[2] der IT-Beratungsfirma Capgemini® unter den bekannten Banken und Finanzdienstleistern zeigt, dass 72 % der Geldhäuser erste Versuche unternommen haben, Nachhaltigkeitsberichte im Rahmen des Jahresabschluss, als separaten Bericht oder in beiden Formen zu veröffentlichen. Demgegenüber stehen 28 % der befragten Bankenvertreter, die keine Berichte veröffentlichen. Abb. 1.1 zeigt die Verteilung der Banken.

Eine Ursache für die Veröffentlichung von Nachhaltigkeitsberichten ist der Umstand, dass es noch unklar ist, wie diese im Detail aussehen sollen. Darüber hinaus ist für die Beteiligten ebenso unklar, wie die entsprechenden Daten aggregiert werden können, um entsprechend werthaltige und vergleichbare Berichte zu erstellen. Dieses Buch gibt eine erste datenorientierte Hilfestellung. Hierzu ist das Buch in zwei Teile gegliedert. Der erste

---

[1] Ausweisungspflicht im Sinne der Taxonomieverordnung gem. der Europäischen Union https://ec.europa.eu/info/law/sustainable-finance-taxonomy-regulation-eu-2020-852/amending-and-supplementary-acts/implementing-and-delegated-acts_de. Zugegriffen am 01.03.2022.

[2] https://www.capgemini.com/de-de/wp-content/uploads/sites/5/2021/03/CR-E-Risks-Report.pdf. Zugegriffen am 01.03.2022.

B. M. Abdel-Karim (✉) · F. X. Kollmer
Frankfurt am Main, Deutschland
E-Mail: BenjaminM.Abdel-Karim@gmx.de; franz-xaver-kollmer@gmx.de

B. M. Abdel-Karim, F. X. Kollmer (Hrsg.), *Sustainable Finance*, https://doi.org/10.1007/978-3-658-36389-5_1

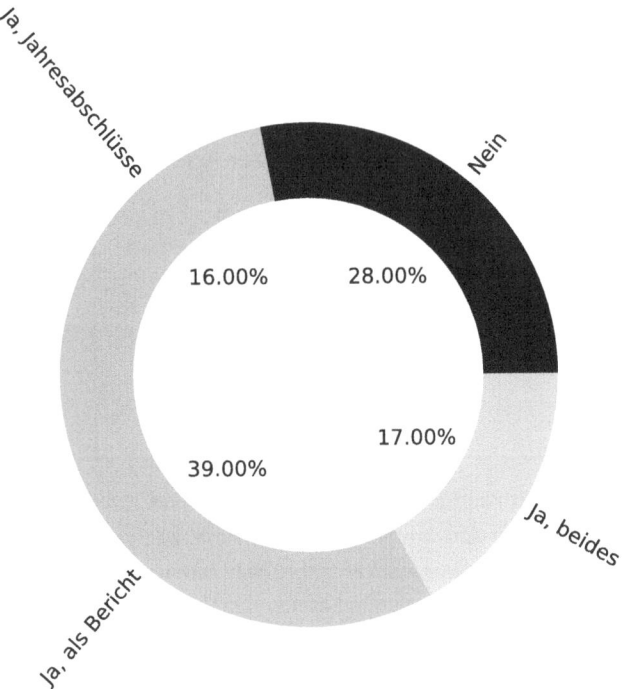

Abb. 1.1 Veröffentlichen Sie einen Nachhaltigkeitsbericht?

Teil gibt einen Einblick in die theoretischen Grundlagen. Der zweite Teil stellt hilfreiche Praxisbeispiele bereit.

Sustainable Finance ist ein angelsächsischer Begriff und steht für die Nachhaltigkeit im Finanzsektor. Gesellschaft und Politik treiben das Konzept der Nachhaltigkeit in einer internationalen Dimension voran, so dass die bevorstehenden Eingriffe in bisherige Regelwerke und marktwirtschaftliche Prozesse umfassend sein werden. Mit dem wachsenden Veränderungsdruck, getrieben durch Politik und Gesellschaft, steigt die Motivation für Banken und Finanzdienstleister, sich den Herausforderungen der nachhaltigen Finanzierung anzunehmen. Dieses Buch soll Akteuren und interessierten Lesern eine erste Orientierung geben, um sich in den kommenden Herausforderungen zurechtzufinden. So ist ein erstes Verständnis über Sustainable Finance für Banken und Finanzdienstleister unerlässlich, um den entstehenden Herausforderungen zu begegnen und nicht nur zur gemeinschaftlichen Wohlfahrt beizutragen, sondern auch neue Ansätze für eine darüber hinausgehende Monetarisierung zu finden. Dieses erste Kapitel gibt einen Überblick über den Inhalt, den Aufbau und die Zielsetzung des Buches. Im ersten Teil dieses Kapitels wird der Gegenstand dieses Werkes beschrieben (Abschn. 1.1). Auf dieser Basis wird die Problemstellung abgeleitet (Abschn. 1.2) und auf diesen Grundlagen wird dann der Aufbau dieser Publikation dargestellt. (Abschn. 1.3).

1.1 Motivation für dieses Buch

Die Motivation für dieses Buch ergibt sich aus der Tatsache der bevorstehenden und potenziell tiefgreifenden Veränderungen für Banken und Finanzdienstleister. Zur Eindämmung der Folgen des Klimawandels und zur Bekämpfung dessen Ursachen, wie beispielsweise den Kohlendioxidemissionen, haben die Gesetzgeber verschiedener Staaten erkannt, dass ein proaktives Handeln unerlässlich ist. Die Abb. 1.2 zeigt den stetigen Temperaturanstieg der letzten Jahrzehnte anhand der Durchschnittstemperatur. Als Grundlage dient der Land-Ozean-Temperatur-Index, der eine Kombination aus verschiedenen Datenquellen ist.

Die gezeigten Daten basieren auf der „GISTEMP" Oberflächentemperaturanalyse. Der Datensatz[3] stammt ursprünglich von der National Aeronautics and Space Administration Goddard Institute for Space Studies (NASA).[4] Tatsache ist, dass der Anstieg der

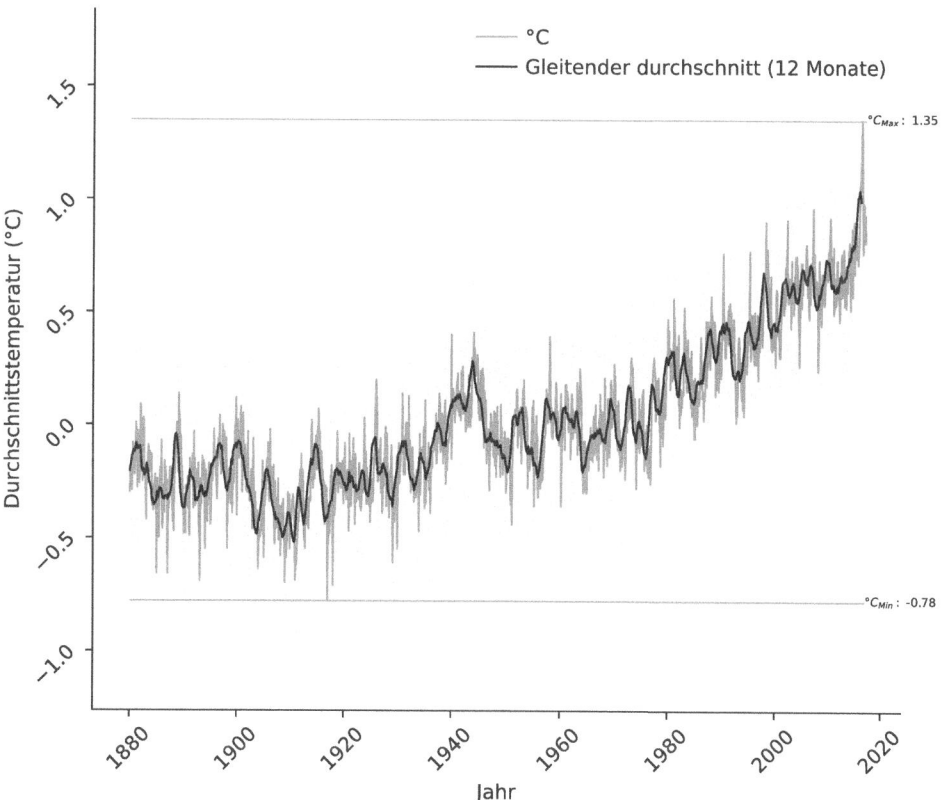

Abb. 1.2 Durchschnittstemperatur

---

[3] Datensatz: https://datahub.io/core/global-temp. Zugegriffen 01.03.2022.

[4] https://data.giss.nasa.gov/gistemp/. Zugegriffen 01.03.2022.

Durchschnittstemperatur in den letzten Jahren offensichtlich ist. Als Ursache für diesen Temerapturanstieg werden allgemein die oben genannten Ursachen wie beispielsweise die Kohlendioxidemissionen angeführt.

Damit sind im Zeitablauf verschiedene Konzepte für Regelwerke entstanden, um den Transformationsprozess von einer konsumorientierten Wirtschaft zu einer auf Nachhaltigkeit basierenden Wirtschaft zu erreichen (vgl. Höck und Christian, 2020, S. 85). Eine besondere Rolle wird hierbei dem Finanzmarkt zugeschrieben, indem durch die gezielte Vergabe von Finanzprodukten, die Nachhaltigkeit gefördert wird und somit der langfristig orientierte Transformationsprozess entsprechend unterstützt wird. Damit sind Banken und Finanzdienstleister angehalten, Finanzprodukte für umweltfreundliche und nachhaltige Projekte gestärkt anzubieten (vgl. Grunow und Zender, 2020, S. 5). Wird dieser Gedanke konsequent verfolgt, führt dies dazu, dass Investoren bevorzugt Anlageklassen wählen, die entsprechend der Kriterien von Behörden nachhaltig sind. Banken wiederum werden Kreditnehmer bevorzugen, die ihre Nachhaltigkeit belegen können. Damit werden die zur Quantifizierung der Nachhaltigkeit verwendeten Daten zu einem entscheidenden Qualitätskriterium für die Auswahl von Anlegern und Kreditnehmern.

Ausgehend von diesem Leitgedanken des Gesetzgebers, mit Hilfe der Banken und Finanzdienstleister einen Transformationsprozess für eine nachhaltig orientierte Volkswirtschaft anzustoßen, umso die Folgen des Klimawandels abzuwenden und den Planeten für kommende Generation bewohnbar zu machen, ist davon auszugehen, dass die aktuellen Regelwerke und Ideen zu tiefgreifenden Veränderungen im Bereich der Banken und Finanzdienstleister führen werden. Vor diesem Hintergrund haben die Finanzintermediäre das Potenzial zur ersten Linie eines tiefgreifenden Transformationsprozesses zu werden und einen wesentlichen Beitrag zur Umstellung konsumbasierter Volkswirtschaften auf einen nachhaltigen Ansatz zu leisten.

Zweifellos ist die Umsetzung der neuen Regelwerke und Anforderungen ein neues Themengebiet. Hinzu kommt der Umstand, dass zum Zeitpunkt der Entstehung dieses Buches, die Literaturlage überschaubar ist. Damit haben es Akteure aus der Branche schwer, sich frühzeitig zu orientieren, um bei Ratifizierung der Gesetze schnell handlungsfähig zu sein. Der kritische Leser wird an dieser Stelle anmerken, dass es Übergangsfristen geben wird, um sich den Änderungen anzupassen. Sicherlich wird es Übergangswellen geben, aber angesichts der tiefgreifenden Veränderungen in allen Bereichen des Finanzesens, gewinnen diejenigen, die sich frühzeitig und dynamisch aufstellen. Dieser Prozess ist unweigerlich mit der Anpassung der Informationstechnologie (IT) verbunden. Zudem kommt die Identifikation möglicher Datenquellen, zwecks Klassifikation der Unternehmen, Produkte und Akteure im Sinne der Nachhaltigkeit hinzu. Vor diesem Hintergrund gehen die Autoren dieses Werks davon aus, dass durch sich Kombination von Daten und modernen Informationstechnologien die neuen Anforderungen addressieren lassen. Daraus folgt die Prämisse: Wer sich frühzeitig auf die kommenden Veränderungen einstellt, kann schneller handeln und so sein Geschäftsmodell langfristig sichern.

Angesichts der Prämisse und der Tatsache der noch dünnen Literaturlage ergibt sich die Motivation für das vorliegende Werk. So ist dieses Buch der erste Versuch, wesentliche

Informationen zusammenzufassen. Gemäß dem lateinischen Sprichwort: *Multum, non Multa*, soll dieses Werk die aktuellen Informationen darstellen, um Akteuren aus Banken und Finanzdienstleistern dabei zu helfen, entsprechend zu handeln.

1.2   Aktuelle Problemstellung

Die Problemstellung für Entscheidungsträger ergibt sich aus dem Umstand, dass die übergeordneten Ziele des Sustainable Finance deutlich sind, jedoch nicht die einzelnen Zwischenschritte zur Erfüllung der Ziele. Im späteren Verlauf dieser Arbeit werden essentielle Regelungen dargestellt, wie beispielsweise die s.g. EU-Taxonomie, welche die Kriterien der Nachhaltigkeit im Sinne der Gesetzgeber umfasst. Zeitgleich ist die EU-Taxonomie ein vortreffliches Beispiel dafür, dass die Details zur Bestimmung der jeweiligen Kriterien noch nicht vollständig vorliegen. Dies führt bei allen Marktteilneh-mern zu einer gewissen Unsicherheit. Damit sind Banken und Finanzdienstleister gut beraten, sich frühzeitig mit den geplanten Anforderungen der Gesetzgeber, im Sinne des Sustainable Finance, auseinanderzusetzen.

In Bezug auf die Berichtserstellung besteht die Problemstellung darin, die entsprechen-den Daten zu aggregieren. Für Banken und Finanzdienstleister bedeutet dies wiederum, dass Sie Kenntnisse über die entsprechende Mittelverwendung im Kontext der Kredite, die Portfoliozusammensetzung der Institution und Kunden, sowie die eigenen Nachhaltig-keitsaktivitäten haben müssen. Vor diesem Hintergrund können die Nachhaltigkeitsanfor-derungen zu einem Daten getriebenen (engl. Data driven) Ansatz führen.

Ein Indikator für die Annahme, dass Sustainable Finance datengetrieben sein kann, zeigt eine Analyse der Suchanfragen des Suchmaschinen Dienstleisters Google®.[5] Die Abb. 1.3 zeigt die Entwicklung der Suchanfragen auf der Suchmaschine von 2010 bis Ende 2021 und setzt die Suchanfragen zueinander in Beziehung.

Die erste Korrelationsanalyse ($R^2 \approx 0{,}605$) zeigt einen starken Zusammenhang zwischen den Suchanfragen. Selbstverständlich ist dies kein Beweis für Kausalität, zeigt jedoch einen gewissen Zusammenhang. Daher kann angenommen werden, dass die Fragen zu Sustainable Finance einige Daten erfordern. Dieser Umstand ergibt nach reiflicher Überlegung durchaus Sinn, da für die entsprechenden Analysen und Berichtserstellung die notwendigen Daten vorhanden sein müssen.

Ausgehend von diesen Überlegungen widmet sich dieses Buch der Thematik Sustaina-ble Finance im deutschsprachigen Raum und versucht dabei, die Datenperspektive in den Kontext zusetzten.

---

[5] https://trends.google.de/trends/?geo=DE. Zugegriffen am 01.03.2022.

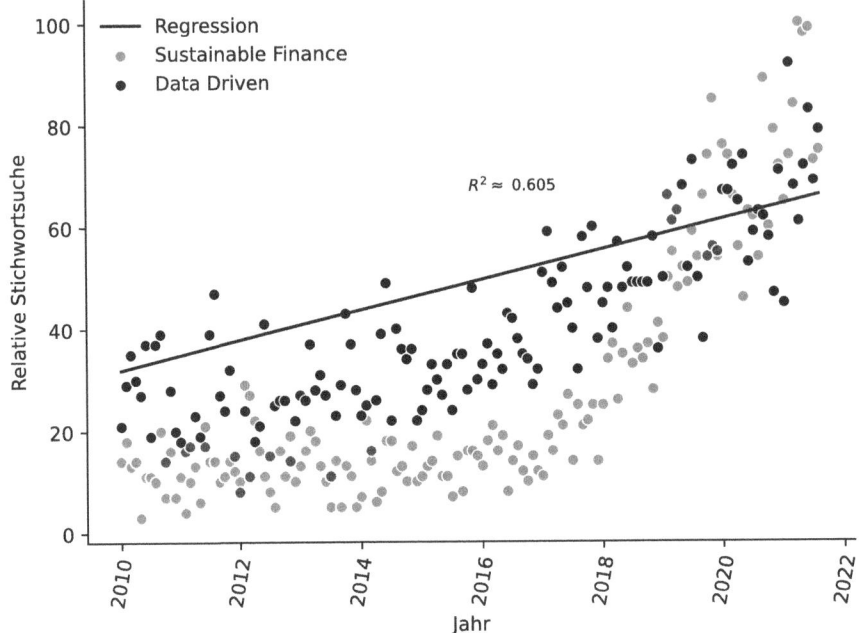

Abb. 1.3 Relative Suchanteil der Suchanfrage bei Google für Sustainable Finance und Data Driven. Die Regression zeigt die Korrelation zwischen den beiden Themengebieten

1.3   Fragestellung und Aufbau des Buches

Die vorangegangen Kapitel zeigen deutlich das Spannungsfeld zwischen den noblen Zielen des Sustainable Finance und den bisher unklaren Anforderungen. Dies führt zu einer zentralen Problematik für Banken und Finanzdienstleister, die sich entsprechend auf diesen Wandel vorbereiten möchten. Aus der angeführten Problemstellung ergibt sich die zentrale Fragestellung, welcher sich dieses Buch widmen möchte:

Wie lassen sich die Anforderungen des Sustainable Finance für Banken und Finanzdienstleister mit Hilfe von Daten und modernen Informationstechnologien umsetzen?

Aus der Fragestellung ergibt sich die oben genannte Zielsetzung dieses Buches. Dabei möchte dieses Werk eine erste Orientierung auf dem relativ neuen Gebiet der nachhaltigen Finanzwirtschaft geben, um im Sinne der Akteure, einen ersten Wissenseinstieg zu liefern. Vor diesem Hintergrund ist der Aufbau des Buches so gestaltet, dass die wichtigsten Themen angesprochen werden:

- Definitionsraum Sustainable Finance
- Historische Einordnung des Sustainable Finance
- Einflussbereich des Sustainable Finance
- Herausforderungen des Sustainable Finance für Banken und Finanzdienstleister
- Technologische Lösungsansätze

Das Werk versucht zunächst dem Leser einige Grundlagen an die Hand zu geben. Damit wird zuerst eine Definition des Sustainable Finance gegeben und eine Einordnung des historischen Verlaufs der zentralen Gesetzgebungen versucht. Anschließend skizziert das Werk eine kurze Antizipation der zukünftigen Entwicklungen, auf der Basis aktueller Kundgebungen. Zum Verständnis der Auswirkungen des Sustainable Finance werden die Einflüsse auf den regulatorischen Rahmen betrachtet. Auf dem gelegtem Wissenskorpus, aus Grundlagen und Einflussfaktoren, werden die Herausforderungen für Banken und Finanzdienstleister abgeleitet. Die sich daraus ergebenden Herausforderungen dienen als Ausgangspunkt um im anschließenden Kapitel mögliche technologische Ansätze zu erarbeiten. Diese Ansätze werden so gewählt, dass sie flexibel und an die sich dynamisch ändernden Anforderungen anpassbar sind. Hierbei wird auf modernste Technologie zurückgegriffen.

Aus der beschriebenen Struktur des Buches zeigt sich, dass die Grundlagenkapitel als Wissenskorpus dienen. Diese Wissensbasis wird in den Praxiskapitel aufgegriffen, um praxisnahe Lösungsansätzen zu liefern. Daraus ergibt sich eine enge Verzahnung aus der Theorie und der Praxis, wie Abb. 1.4 verdeutlicht.

Die gewählte Matrixdarstellung in Abb. 1.4 zeigt die Verzahnung der Theorie- und Praxiskapitel, auf Basis einer Quantifizierung. Hierbei wurde die folgende Skala von den Autoren verwendet: 0 Korrelation trifft nicht zu; 1 = Korrelation trifft eher nicht zu; 3 = Korrelation teils-teils; 5 = Korrelation trifft eher zu; 7 = Korrelation trifft zu. Beginnend mit dem Grundlagenkapitel „Wichtige Punkte" (Kap. 2) ergeben die Praxiskapitel eine orthogonale Perspektive, indem sie die Grundlagen aufgreifen und in den Lösungsansätze

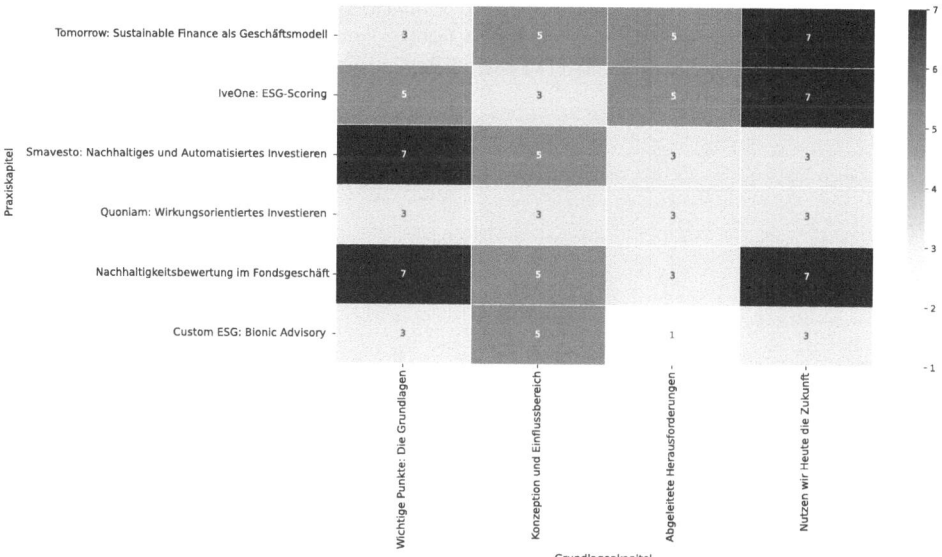

Abb. 1.4 Der Aufbau des Buches gegliedert in Grundlagen- und Praxisbeiträgen. Systematisiert mit Hilfe einer Likert-Skala

nutzen. An dieser Stelle verdeutlicht das folgende Beispiel, die Interpretation der Abb. 1.4. Das Praxiskapitel „Tomorrow: Sustainable Finance als Geschäftsmodell" (Kap. 7) hat Korrelation zu den Inhalten der Kapitel „Konzeption des Sustainable Finance auf Basis der aktuellen Gesetzesentwürfe" (Abschn. 3.1), sowie „Abgeleitete Herausforderungen" (Kap. 4) und eine starke Korrelation mit dem Kapitel „Nutzen wir Heute die Zukunft" (Kap. 5). Vor diesem Hintergrund ergibt sich das Zusammenspiel der Kapitel in diesem Buch. Eventuell wird der Leser zwischen den Theorie- und den Praxiskapiteln textuelle Schnittmengen finden. Diese Schnittmengen sind bewusst gewählt, damit die Praxiskapitel zum einen als unabhängige Kapitel gelesen werden können und zum anderen, dass verschiedene Perspektiven zwischen den Theorie- und Praxiskapiteln geschaffen werden.

Ausgehend von der zentralen Fragestellung des Buches und seinem Aufbau ist fest-zuhalten, dass sich dieses Buch an interessierte Leser richtet, welche sich grundsätzlich in die Thematik Sustainable Finance im Kontext der Banken- und Finanzmarktindustrie einlesen möchten. Darüber hinaus richtet sich dieses Buch an Entscheidungsträger und Führungskräfte, die sich den Herausforderungen des Sustainable Finance gegenüber gestellt sehen und nach einer kompakten Wissenssammlung und Inspiration suchen.

Unabhängig davon, was die Motivation des Lesers ist, dieses Buch zu lesen, hoffen die Herausgeber und Co-Autoren, dass Ihnen das Buch eine geeignete erste Hilfestellung bietet, um sich durch die kommenden Herausforderungen des Sustainable Finance zu navigieren.

Literatur

Grunow, H.-W. and Zender, C. (2020). *Green Finance – Erfolgreiche Schritte zur grünen Unternehmensfinanzierung.* essentials. Springer Gabler, Wiesbaden.

Höck, A. and Christian (2020). The effect of environmental sustainability on credit risk. *Journal of Asset Management,* 21(1):85–93.

Benjamin M. Abdel-Karim und Franz Xaver Kollmer

Ziel dieses Kapitels ist es, zunächst eine Einordnung des Sustainable Finance zu liefern (Abschn. 2.1). Daran knüpft die Darstellung eines historischen Abrisses (Abschn. 2.2) an.

2.1 Definitionsraum Sustainable Finance

Sustainable Finance lässt sich aus dem Englischen ins Deutsche als nachhaltige Finanzwirtschaft übersetzen. Damit kann sich Sustainable Finance als Oberbegriff begreifen lassen, welcher ein großes Spektrum an finanzökonomischen Konzepten und Instrumente umfasst. Darüber hinaus kann Sustainable Finance als Prozess verstanden werden, der die Art und Weise von Investitionen verändert und damit auch die Unternehmen in qualitativer Hinsicht beeinflusst (Lagoarde-Segot, 2019, S. 6). Dieses Prozessverständnis des Sustainable Finance, im Sinne eines Transformationsinstruments, findet sich ebenfalls in der sogenannten EU-Taxonomie. Dieses Dokument der Europäischen Union erweitertet den Begriff des Sustainable Finance um Nachhaltigkeitskriterien (engl. „ESG" für Environmental, Social and Governance). Es wird deutlich, dass Sustainable Finance ein Sammelbegriff ist, der vielerlei Phänomene beschreibt, was wiederum eine präzise Einordnung und die Abgrenzung erschwert. Daraus ergibt sich der Umstand, dass Sustainable Finance von anderen Begrifflichkeiten, wie beispielsweise Carbon Finance, Climate Finance, Green Finance oder Environmental Finance, nur bedingt abzugrenzen ist. Generell lässt sich feststellen, dass Carbon Finance, Climate Finance, Green Finance oder

B. M. Abdel-Karim (✉) · F. X. Kollmer
Frankfurt am Main, Deutschland
E-Mail: BenjaminM.Abdel-Karim@gmx.de; franz-xaver-kollmer@gmx.de

11

Environmental Finance jeweils eine Überschneidung mit Sustainable Finance aufweisen. Die verwandten Begriffe unterscheiden sich jedoch von Sustainable Finance.

Definition 1 Carbon Finance lässt sich im Allgemeinen als Kohlenstoff-Finanzwirtschaft übersetzen und versucht dabei, Maßnahmen und Finanzmittel umzuschreiben, die zur Reduktion der klimaschädlichen Treibhausgase, wie beispielsweise Kohlenstoffdioxide, beizutragen. Vor diesem Hintergrund beschreibt Carbon Finance insbesondere den Handel mit sogenannten Emissionsrechten.

Definition 2 Climate Finance umschreibt eine klimaorientierte Finanzwirtschaft mit Hilfe von finanzwirtschaftlichen Konzepten und Instrumenten mit dem Ziel, die Folgen des Klimawandels zu minimieren.

Definition 3 Green Finance als Teil des Green Banking leistet einen großen Beitrag zum Übergang zu ressourceneffizienten und kohlenstoffarmen Industrien, d. h. zur grünen Industrie und zur grünen Wirtschaft im Allgemeinen (Meena, 2013, S. 1181).

Definition 4 Environmental Finance kann als Umweltfinanzierung beschrieben werden, die ein Bereich innerhalb der Finanzwirtschaft ist, der marktbasierte umweltpolitische Instrumente einsetzt, um die ökologischen Auswirkungen von Investitionsstrategien zu verbessern (Chesney et al., 2016).

Die oben angeführten Definitionen zeigen die Komplexität der Begrifflichkeiten und die damit verbundenen Herausforderungen beim Versuch, diese voneinander abzugrenzen. Exemplarisch zeigt sich dieser Umstand an den Termini von „Green Finance" und „Environmental Finance". Vor diesem Hintergrund ist anzunehmen, dass sich im Sprachgebrauch „Sustainable Finance" als allgemeine Umschreibung durchsetzen wird, ohne auf die feinen Nuancen der anderen Begriffe Rücksicht zu nehmen.

2.2   Historische Einordnung des Sustainable Finance

Die detaillierte Darstellung des historischen Verlaufs von Sustainable Finance ist zweifellos kein triviales Unterfangen. Dennoch möchte dieses Buch zum besseren Verständnis der Hintergründe einen Versuch unternehmen und einen Überblick über ausgewählte historische Ereignisse geben, damit eine geeignete Einordnung des Begriffes Sustainable Finance gelingen kann. Die Abb. 2.1 zeigt einige ausgewählte Ereignisse und Gesetzgebungen des Sustainable Finance im Zeitverlauf.

Als Geburtsstunde des Sustainable Finance kann das Pariser Klimaabkommen vom 12.12.2015 angesehen werden. Dieses Klimaabkommen wurde auf der Klimakonferenz der Vereinten Nationen (UN) in Paris von 195 Ländern und der Europäischen Union verabschiedet. Ziel dieser Vereinbarung ist die Klimaerwärmung auf unter 2 Grad Celsius

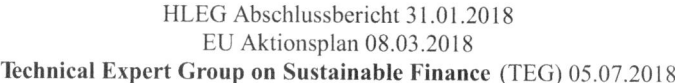

Abb. 2.1 Ausgewählte Ereignisse und Gesetzgebungen des Sustainable Finance

zu begrenzen, um die Langzeitfolgen des Klimawandels, wie beispielsweise Überschwemmungen, Temperaturanstiege und die damit verbundene Ausbreitung von Wüstenregionen und resultierende Wasserknappheit abzumildern. Das 2-Grad-Celsius-Ziel ist dabei mehr als maximaler Richtwert zu verstehen und wird von zahlreichen Klimaforschern als nicht ausreichend angesehen, wie im Übersichtswerk von Steffen et al. (2018) thematisiert wird.

An dieser Stelle muss jedoch erwähnt werden, dass das Pariser Klimaabkommen das Ergebnis von zahlreichen vorangegangenen internationalen und nationalen Konferenzen gewesen ist. Beispielhaft sei die Konferenz der Vereinten Nationen für Umwelt und Entwicklung (UNCED) in Rio de Janeiro vom 03.06.1992 bis 14.06.1992 oder Rahmenübereinkommen der Vereinten Nationen über Klimaänderungen (UNFCCC), auch bekannt als Kyoto-Protokoll vom 11.12.1997. Dieser Umstand erschwert eine exakte Datierung der angeführten Geburtsstunde des Sustainable Finance, insbesondere vor dem Hintergrund der dargestellten Definitionsproblematik. Daher möchte dieses Werk auf eine gewisse Varianz in der Bestimmung des exakten Datums hinweisen. Aus pragmatischen Gründen, entscheiden sich die Autoren dieses Buches, das Pariser Klimaabkommen vom 12.12.2015 als zentraln Meilenstein für die Entstehung des Sustainable Finance zu verwenden. Dieses Abkommen hat einen maßgebliche Beitrag zur Entwicklung des Sustainable Finance geleistet.

Auf Basis des Klimaabkommens aus dem Jahr 2015 hat die Europäische Union eine Expertengruppe zusammengestellt, um ein Konzept für die Umsetzung der Klimaziele zu erarbeiten. Expertengruppe oder auch in diesem Kontext genannte High Level Expert Group (HLEG) sind Arbeitskreise aus Wissenschaft, Politik und Wirtschaft, die mit der Erarbeitung von Konzepten zu bestimmten Themen beauftragt werden, um auf dessen Basis politische Handlungsempfehlungen ableiten zu können. Allerdings ist darauf hinzuweisen, dass das Verfahren der Expertengruppen in solchen sensiblen Bereichen höchst umstritten ist, wie die Arbeit von Veale (2019) anführt. Eine genauere Diskussion würde in diesem Buch jedoch den Rahmen sprengen. Im Kontext des Sustainable Fiance hat die Expertengruppen High Level Expert Group on Sustainable Finance ihren Abschlussbericht in 2018 veröffentlicht. Dieser Abschlussbericht diente der Europäischen Union als Grundlage, für die Erstellung von Maßnahmen zur Verwirklichung der Ziele des Sustainable Finance. Die zentralen Ergebnisse des Abschlussberichts lassen sich in sechs zentralen Punkten zusammenfassen. (1) Die Einführung einer Systematisierung zur Erfassung von nachhaltigen Finanzierungen. (2) Die Erstellung von rechtlichen Rahmenbedingungen für Investoren. (3) Die Integration von Unternehmen sowie Banken und Finanzdienstleister im Sinne der Offenlegung von Aktivitäten zur Nachhaltigkeit. (4) Einheitliche Gütesiegel für nachhaltige Produkte zu etablieren. (5) Die Integration der Nachhaltigkeit in das Aufgabenfeld der Aufsichtsbehörden. (6) Die Einführung von Referenzprodukten, den sogenannten Green Bonds. Die Erkenntnisse des Abschlussberichtes dienen der Europäischen Union als Grundlage für den sogenannten EU Aktionsplan. Der EU Aktionsplan beschreibt die Handlungsmaßnahmen zur Umsetzung der gesetzten Ziele.

Zentraler Bestandteil des EU Aktionsplans ist die sogenannte Taxonomie-Verordnung[1] vom 22.06.2020. Die Taxonomie-Verordnung legt die Kriterien im Sinne einer ökologischen und nachhaltigen Wirtschaftätigkeit fest. Hierbei umfasst diese Taxonomie-Verordnung sechs zentrale Umweltziele, die durch entsprechende Wirtschaftsaktivitäten nicht beeinträchtigt werden dürfen. Die Abb. 2.2 illustriert die Umweltziele der Taxonomie-Verordnung.

Die Taxonomie-Verordnung fußt auf eine Paragraphensystematisierung, die die einzelnen Umweltziele entsprechend formalisieren soll. Es werden folgende Umweltziele angeführt: Klimaschutz, Anpassung an den Klimawandel, nachhaltige Nutzung und Schutz von Wasser- und Meeresressourcen, Übergang zu einer Kreislaufwirtschaft, Abfallvermeidung und Recycling, Vermeidung und Verminderung der Umweltverschmutzung sowie Schutz gesunder Ökosysteme. Im Rahmen der Taxonomie-Verordnung wird den soge-

---

[1] Abzurufen unter https://eur-lex.europa.eu/eli/reg/2020/852/oj?locale=de. Zugegriffen am 01.03. 2022.

Abb. 2.2 Umweltziele und Paragraphen der Taxonomie-Verordnung

nannten ESG-Kriterien eine besondere Rolle beigemessen. ESG steht für Environment (E), Social (S), Governance (G). Dabei handelt sich um den Bereich der jeweiligen Wirtschaftsaktivitäten von Unternehmen, welche ebenfalls im Sinne der Nachhaltigkeit berücksichtigt werden müssen. Die Ausgestaltung der Klimaziele und ihrer einzelnen Paragraphen erfolgt stufenweise und ist zum Zeitpunkt des Verfassens dieses Buches noch nicht abgeschlossen.

Neben der EU Taxonomie sind zahlreiche weitere Regulierungsdokumente in Erarbeitung bzw. publiziert. Unter anderem sind hier die Offenlegungspflichten (VO zur Änderung der RL (EU) 2016/2341) zu nennen, die Klarheit für institutionelle Anleger im Sinne der Umwelt-, Sozial- und Governance-Faktoren schaffen und damit bei der Anlageentscheidung helfen sollen. Damit einher geht eine Nachweispflicht für Anleger im Kontext der Erfüllung der ESG-Ziele bei bestehenden Investitionen.

Geplant ist zudem eine Anpassung der Benchmark-Verordnung, sodass Referenzwerte für Investitionen mit geringen Kohlenstoffdioxid (CO_2) berücksichtigt werden können. Ziel ist es, mit einer aktualisierten Fassung der Benchmark-Verordnung die Quantifizierung des CO_2 Fußabdruckes von Unternehmen zu erfassen. Diese Quantifizierung soll dann als Vergleichsmöglichkeit für Investoren dienen, um die Asset Allokation in den Portfolios entsprechend auszurichten. Durch die Anpassung der Benchmark-Verordnung soll die Beratung von Banken und Finanzdienstleistern auch im Hinblick auf Nachhaltigkeitsaspekte und ESG-Faktoren gestärkt werden. Diese Ziele sollen dann ebenfalls in die Richtlinie über Märkte für Finanzinstrumente (MiFID) und die Richtlinie über Versicherungsvermittlung aufgenommen werden.

Ein weiterer Aspekt sind die sogenannten Sustainable Development Goals. Hierbei handelt es sich um siebzehn Nachhaltigkeitszielen, die 2015 durch die 193 Mitgliedstaaten der Vereinten Nationen beschlossen wurden sind.[2] Die siebzehn Ziele lassen sich unter den folgenden Stichworten zusammenfassen:

1. Armut in all ihren Formen überall beenden

2. Beendigung des Hungers, Gewährleistung von Ernährungssicherheit und verbesserter Ernährung sowie Förderung einer nachhaltigen Landwirtschaft

3. Sicherstellung eines gesunden Lebens und Förderung des Wohlbefindens für alle Menschen jeden Alters

4. Gewährleistung einer integrativen und gerechten Qualitätsbildung und Förderung von Möglichkeiten des lebenslangen Lernens für alle

5. Verwirklichung der Gleichstellung der Geschlechter und Stärkung der Rolle aller Frauen und Mädchen

6. Gewährleistung der Verfügbarkeit und nachhaltigen Bewirtschaftung von Wasser und sanitären Einrichtungen für alle

7. Sicherstellung des Zugangs zu erschwinglicher, zuverlässiger, nachhaltiger und moderner Energie für alle

8. Förderung von nachhaltigem, integrativem und nachhaltigem Wirtschaftswachstum, produktiver Vollbeschäftigung und menschenwürdiger Arbeit für alle

9. Aufbau einer widerstandsfähigen Infrastruktur, Förderung einer integrativen und nachhaltigen Industrialisierung und Unterstützung von Innovationen

10. Verringerung der Ungleichheit sowohl innerhalb als auch zwischen den Ländern.

11. Städte und menschliche Siedlungen integrativ, sicher, widerstandsfähig und nachhaltig machen

12. Gewährleistung nachhaltiger Konsum- und Produktionsmuster

13. Maßnahmen zur Bekämpfung des Klimawandels und seiner Auswirkungen dringend eingreifen

14. Erhaltung und nachhaltige Nutzung der Ozeane, Meere und Meeresressourcen für eine nachhaltige Entwicklung

15. Schutz, Wiederherstellung und Förderung der nachhaltigen Nutzung terrestrischer Ökosysteme, nachhaltige Bewirtschaftung der Wälder, Bekämpfung der Wüstenbildung, Eindämmung und Umkehrung der Bodenverschlechterung und Eindämmung des Verlusts der biologischen Vielfalt

16. Förderung friedlicher und integrativer Gesellschaften für eine nachhaltige Entwicklung, Zugang zur Justiz für alle und Aufbau effizienter, rechenschaftspflichtiger und integrativer Institutionen auf allen Ebenen

17. Stärkung der Mittel zur Umsetzung und Neubelebung der globalen Partnerschaft für nachhaltige Entwicklung

---

[2] https://sdgs.un.org/goals. Zugegriffen am 01.03.2022.

Der interessierte Leser wird bei näherer Betrachtung feststellen, dass die siebzehn Ziele zunächst wie ehrenhafte Absichtserklärungen aussehen. Ein genauerer Blick in die Beschreibungen der Vereinigten Nation zeigt den Versuch einer zielgerechten Quantifizierung der Ziele für die Zukunft. Daher bleibt an dieser Stelle zu hoffen, dass die definierten Meilensteine nicht singulären politischen Interessen zum Opfer fallen, sondern tatsächlich durch die einzelnen 193 Länder engagiert umgesetzt werden.

Dem interessierten Leser wird auffallen, dass die Autoren an dieser Stelle den Konjunktiv verwendet haben. Dies ist der Tatsache geschuldet, dass zum aktuellen Zeitpunkt die Pläne der Gesetzgeber kommuniziert sind, aber es nur teilweise rechtskräftige Umsetzungsrichtlinien gibt. Allerdings sind Banken und Finanzdienstleister gut beraten, sich mit dem Plänen frühzeitig zu befassen, um entsprechend handlungsfähig zu sein. Vor diesem Hintergrund stellt das Werk in den folgenden Kapiteln die sich daraus ergebenden Herausforderungen dar und leitet entsprechende Lösungen für den Leser ab.

Neben diesen ersten Grundlagen geht der Abschn. 9.2 mit einer praktischen Perspektive auf die geschichtlichen Aspekte des Sustainable Finance, ein.

Literatur

Chesney, M., Gheyssens, J., Pana, A. C., and Taschini, L. (2016). *Environmental Finance and Investments*. Springer Texts in Business and Economics. Springer, Berlin, Heidelberg.

Lagoarde-Segot, T. (2019). Sustainable finance: A critical realist perspective. *Research in International Business and Finance*, 47(1):1–9.

Meena, R. (2013). Green banking: As initiative for sustainable development. *Global Journal of Management and Business Studies*, 3(10):1181–1186.

Steffen, W., Rockström, J., Richardson, K., Lenton, T. M., Folke, C., Liverman, D., Summerhayes, C. P., Barnosky, A. D., Cornell, S. E., Crucifix, M., Donges, J. F., Fetzer, I., Lade, S. J., Scheffer, M., Winkelmann, R., and Schellnhuber, H. J. (2018). Trajectories of the earth system in the anthropocene. *Proceedings of the National Academy of Sciences*, 115(23):8252–8259.

Veale, M. (2019). A critical take on the policy recommendations of the eu high-level expert group on artificial intelligence. *European Journal of Risk Regulation*, 1(1):1–8.

Konzeption und Einflussbereich des Sustainable Finance

3

Benjamin M. Abdel-Karim und Franz Xaver Kollmer

Dieses Kapitel fügt die Grundlagen aus Kap. 2 in das übergeordnete Konzept des Sustainable Finance und den daraus resultierenden Einflussbereich ein. Vor diesem Hintergrund wird zunächst das Konzept Sustainable Finance im Sinne der Gesetzgeber und politischen Entscheider vorgestellt (Abschn. 3.1), um anschließend auf die daraus resultierenden Einflussbereich (Abschn. 3.2) einzugehen.

3.1 Konzeption des Sustainable Finance auf Basis der aktuellen Gesetzesentwürfe

Aus den vorangegangenen Kapitel ergibt sich, dass Sustainable Finance im Sinne des Gesetzgebers das Ziel hat, die Volkswirtschaften zu einem nachhaltigen Transformationprozess zu motivieren (Höck und Christian, 2020, S. 85). Im Zentrum der Überlegungen stehen die Banken und Finanzdienstleister, welche durch die gezielte Vergabe von nachhaltig orientierten Finanzprodukten, diesen Transformationsprozess beschleunigen sollen. Dieser Katalysator-Effekt entsteht durch die Schaffung von Transparenz und Bevorzugung von nachhaltigen Finanzierungsprojekten und Finanzprodukten.

In einem funktionierenden Finanzmarktsystem fungieren Banken und Finanzdienstleister als Intermediäre. Das bedeutet, dass Banken und Finanzdienstleister durch die Bereitstellung entsprechender Produkte, Kapital bei Investoren aufnehmen und dieses Kapital den Unternehmern und Selbstständigen für Investitionen in Form von Krediten zur

B. M. Abdel-Karim (✉) · F. X. Kollmer
Frankfurt am Main, Deutschland
E-Mail: BenjaminM.Abdel-Karim@gmx.de; franz-xaver-kollmer@gmx.de

B. M. Abdel-Karim, F. X. Kollmer (Hrsg.), *Sustainable Finance*,
https://doi.org/10.1007/978-3-658-36389-5_3

Verfügung stellen. Das Geschäft der Finanzintermediäre besteht darin, aus der Differenz zwischen Kreditzins und Anlagezins einen Profit zu erwirtschaften. Zusätzlich schaffen Banken und Finanzdienstleister durch ihre Funktion als Intermediäre Sicherheit für die beteiligten Akteure.

Dieser Umstand erklärt, weshalb Banken und Finanzdienstleister für eine funktionierende Volkswirtschaft von zentraler Bedeutung sind und wieso die Gesetzgeber versuchen, diesen Intermediär aufgrund der Relevanz für die einzelnen Volkswirtschaften entsprechend zu regulieren. Im Kontext des Sustainable Finance ergibt sich daraus das besondere Augenmerk der Gesetzgebung auf Banken- und Finanzdienstleister. Die Abb. 3.1 illustriert den Kerngedanken der Finanzintermediäre im Kontext funktionierender Volkswirtschaften.

Die Abb. 3.1 soll stark vereinfacht die Vergabe von Kapital im einem funktionierenden Finanzmarkt vor dem Hintergrund des Sustainable Finance illustrieren. Ausgangspunkt ist eine Bank als klassischer Vertreter eines Finanzintermediärs (siehe Nr. 1 in Abb. 3.1). Die Bank bietet ihren Kunden, die Kapital anlegen möchten, entsprechende Finanzprodukte an, um über diese liquide Mittel für die spätere Kreditvergabe einzusammeln (siehe Nr. 2 in Abb. 3.1). Der Investor, der sein Geld bei der Bank anlegt, bekommt für seine Geldanlage entsprechende Zahlungsströme (siehe Nr. 3 und 4 in Abb. 3.1). Solche Zahlungsströme für das bereitgestellte Kapital können beispielsweise Dividenden oder Zinsen sein. Die Bank sucht sich entsprechende Investitionsmöglichkeiten, um das Geld der Investoren gewinnbringend anzulegen. Hierzu prüfen Analysten, auf Basis der verfügbaren Daten wie beispielsweise Geschäftsberichte, Produktinformationsblätter und Analysen, entsprechende Firmen (siehe Nr. 5 in Abb. 3.1). Für das skizzierte Beispiel wird angenommen,

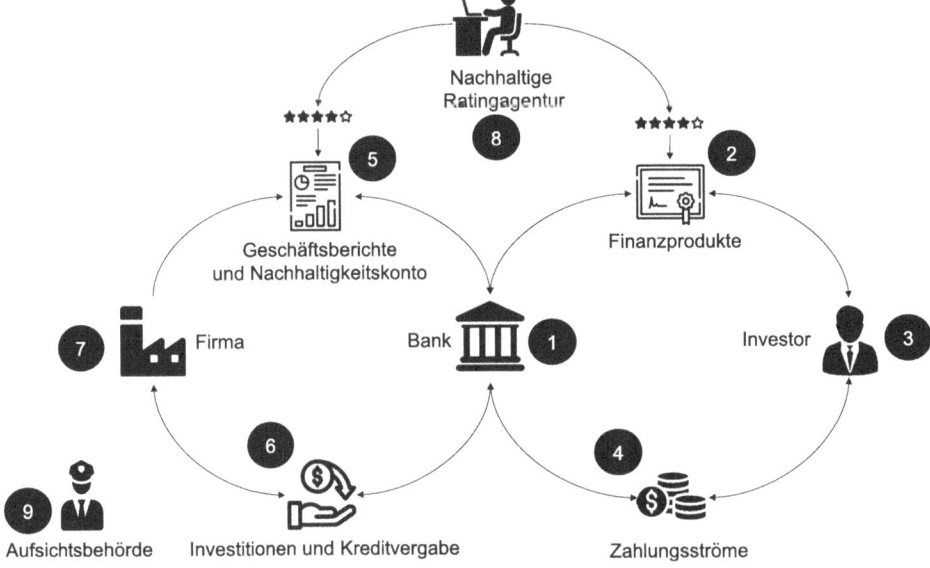

Abb. 3.1 Die zentrale Idee des Sustainable Finance

dass es sich bei diesen potenziellen Firmen um solche handelt, welche Kapital benötigen, um Maschinen und Materialien einzukaufen. Dafür nimmt solch eine Firma bei der entsprechenden Bank einen Kredit auf und zahlt der Bank im Gegenzug die Tilgungsraten und den Kreditzinsen zurück (siehe Nr. 6 und 7 in Abb. 3.1).

Die Besonderheit im Kontext des Sustainable Finance besteht darin, dass durch zusätzliche Offenlegungsauflagen und die zugewiesenen Nachhaltigkeitsratings (siehe Nr. 5 und 2 in Abb. 3.1) die Vergabe von Kapital für nachhaltige Projekte gefördert werden solle. Hierbei sollen beispielsweise unabhängige Ratingagenturen (siehe Nr. 8 in Abb. 3.1) entsprechende Ratings für die einzelnen Firmen und Finanzprodukte zur Verfügung stellen. Die Ratings sollen entsprechend Informationen über Nachhaltigkeit im Sinne der ökologischen ESG-Faktoren aggregieren. Entsprechend dieser Neuausrichtung auf Nachhaltigkeit des Finanzmarktsystems kommt den Aufsichtsbehörden eine besonders bedeutende Rolle zu. Sie müssen in Zukunft prüfen, inwieweit die Finanzmarktteilnehmer die neuen Offenlegungspflichten einhalten. Damit sind die Aufsichtsbehörden angehalten, Kapitalgesellschaften, Banken und Finanzdienstleister zu überprüfen (siehe Nr. 9 in Abb. 3.1).

An dieser Stelle muss erwähnt werden, dass die hier vorgestellte Darstellung eine starke Vereinfachung ist. Zudem sind viele Aspekte der Umsetzung bisher nicht ausgereift. Der kritische Leser wird im Selbststudium zu dieser Thematik, die zahlreichen Kritiken bemerken. Exemplarisch sei auf die fehlenden Standards des Verfahrens zum Rating hingewiesen (Dorfleitner et al., 2015). Daraus lässt sich schlussfolgern, dass eine Vielzahl von Ratings den Markt bestimmen könnten, ähnlich wie die Gütesiegel Problematik aus der Lebensmittelindustrie. Die Aussagekraft der Gütesiegel in der Lebensmittelindustrie ist allgemein hin bekannt. Eine vergleichbare Umsetzung würde die Durchsetzung der edlen Ziele des Sustainable Finance deutlich bedrohen. Ungeachtet der Bedenken, dessen tiefere Diskussion die Zielsetzung des Buches verfehlen würde, widmet sich das nächste Kapitel der Betrachtung der möglichen Einflussbereiche.

3.2 Einflussbereiche des Sustainable Finance

Aus der oben genannten Darstellung des Sustainable Finance (Abschn. 3.1) ergibt sich in Konsequenz die potenziellen Einflussbereiche auf die verschiedenen Gebiete des Finanzmarktes. Dieses Kapitel möchte einen Überblick über diese potenzielle Einflussbereiche geben. Aus der Sicht einer deduktiven Betrachtung, vom Oberbegriff des Sustainable Finance abgeleitet, ergibt es Sinn, sich zunächst auf den Einfluss auf bestehende Gesetzen und Regulator zu fokussieren.

Auf Basis der Ausführungen in Abschn. 2.2 kann der EU-Aktionsplan mit seinen Kernpunkten als zentraler Treiber für die Umsetzung des Sustainable Finance im Sinne der Gesetzgeber aufgefasst werden. Diese Annahme führt dazu, dass dieser Aktionsplan in seiner schrittweisen Umsetzung auf bestehenden Gesetze fußt und damit auf diese Gesetze Einfluss nehmen wird. Dies ergibt sich insbesondere aus den vorgesehenen

Punkten zur Einbeziehung der Aufsichtsbehörden und die Anpassungen der Berichtspflichten. Im Speziellen soll die Offenlegungsverordnung (offizieller Titel ist: Verordnung (EU) 2019/2088 des Europäischen Parlaments und des Rates vom 27. November 2019 über nachhaltigkeitsbezogene Offenlegungspflichten im Finanzdienstleistungssektor) auch bekannt als Sustainable Finance Disclosure Regulation (FFDR) die Reportingpflichten um den Aspekt der Nachhaltigkeit erweitert werden. Der Einfluss dieser Verordnung zeigt sich dadurch, dass die Gesetzgeber die bestehenden Offenlegungspflichten um die Nachhaltigkeitsaspekte von Produkten, Prozessen und Strategien ausbauen. Diese Offenlegungspflichten greifen damit in nahezu alle vorvertraglichen und vertraglichen Dokumente, sowie Geschäfts- und Jahresberichte von Banken und Finanzdienstleister ein.

Im Zusammenhang mit der Offenlegungsverordnung rückt die Benchmarkverordnung in den Blickpunkt. Dieses Regelwerk regelte bisher die Rechte und Pflichten für Benchmarks, wie beispielsweise die Indizes für Aktien und Anleihen. Die Benchmarks dienen als Vergleichsindikatoren für die Finanzmarktteilnehmer. Bekannte Vertreter im deutschen und angelsächsischen Raum sind exemplarisch der Deutscher Aktienindex (DAX) oder der Standard & Poor's 500 (S&P 500). Die Zielsetzung der Benchmarkverordnung ist die Sicherstellung für die Finanzmarktteilnehmer, dass diese Vergleichsindikatoren zuverlässig und vertrauenswürdig sind. Durch die Ausrichtung auf die Nachhaltigkeitsaspekte soll dieses Regelwerk angepasst werden, sodass den Finanzmärkten entsprechende Benchmarks im Sinne der Nachhaltigkeit zur Verfügung gestellt werden. Während die Offenlegungsverordnung zum Zeitpunkt der Erstellung des Buches relativ weit voran geschritten war, fehlte eine detaillierte Ausarbeitung für die Benchmarkverordnung im Hinblick auf Nachhaltigkeits-Benchmarks.

Durch die Fokussierung auf die Nachhaltigkeit im Finanzmarktsystem werden nicht nur die Benchmarks, sondern auch die Fonds beeinflusst. Vor diesem Hintergrund sind mit der Anpassung in der OGAW-Richtlinie (offizieller Titel ist: Richtlinie 85/611/EWG des Rates vom 20. Dezember 1985 zur Koordinierung der Rechts- und Verwaltungsvorschriften betreffend bestimmte Organismen für gemeinsame Anlagen in Wertpapieren (OGAW)) zu rechnen. Dieses Rahmenwerk regelt unter anderem die Pflichtinformationen für Anleger (Produktinformationsblätter). Durch die oben beschriebenen Offenlegungsverordnung ist also davon auszugehen, dass auch solche Informationen, im Sinne der Nachhaltigkeit und ESG-Kriterien den Investoren zur Verfügung gestellt werden sollen. Im Kern ist die OGAW-Richtlinie EU Recht. Dies bedeutet, dass entsprechende Anpassungen in nationales Recht übertragen werden, wie beispielsweise das Investmentgesetzt und Kapitalanlagegesetzbuch. Praktisch müssen in naher Zukunft Banken und Finanzdienstleister ihre Produkte im Sinne der Nachhaltigkeitsaspekten in den Produktbeschreibungen darstellen.

Ausgehend von den OGAW-Richtlinien wird analog die AIFM-Richtlinie (offizieller Titel ist: Richtlinie 2011/61/EU des Europäischen Parlaments und des Rates vom 8. Juni 2011 über die Verwalter alternativer Investmentfonds und zur Änderung der Richtlinien 2003/41/EG und 2009/65/EG und der Verordnungen (EG) Nr. 1060/2009 und (EU) Nr. 1095/2010) von Anpassungen betroffen sein.

Im Sinne der Anlageregulierung ist ebenfalls das MiFID zu sehen (Richtlinie 2004/39/EG des Europäischen Parlaments und des Rates vom 21. April 2004 über Märkte für Finanzinstrumente, zur Änderung der Richtlinien 85/611/EWG und 93/6/EWG des Rates und der Richtlinie 2000/12/EG des Europäischen Parlaments und des Rates und zur Aufhebung der Richtlinie 93/22/EWG des Rates). Bei MiFID (spätere Form MiFID II) handelt es sich im Kern um eine Regelwerk, das die Investitionen über regionale Grenzen hinweg im gesamten europäischen Raum ermöglichen soll. Damit reguliert das Gesetz des Risikoprofils eines Anlegers, die Rahmenbedingungen für die Handelsausführung, die Auflagen zur Dokumentation und die Archivierung der Dokumentation.

Auf Basis der oben beschreibenen Gesetzesgrundlagen zeigt sich politische Sensibilität für die Risiken des Klimawandels und die damit übernommene Verantwortung (vgl. Dikau und Volz, 2021, S. 1). Allerdings stellt sich damit die Frage, wer mit der Überwachung und Kontrolle der oben beschriebenen Gesetzesanpassungen beauftragt wird. Der Forschungs- beitrag von Dikau und Volz (2021) zeigt, dass diese Frage nicht abschließend geklärt ist. Von den 135 untersuchten Zentralbankmandaten sind nur 16 mit Mandaten betraut, die mit Aufgaben der nachhaltigen Finanzwirtschaft zusammenhängen. (vgl. Dikau und Volz, 2021, S. 1). Zweifellos ist die primäre Aufgabe einer Zentralbank für die Preisstabilität zu sorgen. Daher ist zunächst einmal strittig, inwieweit die Überlegung des Sustainable Finance ebenfalls den Zentralbanken zugeschrieben werden können. Allerdings ergibt sich bei näherer Betrachtung die Tatsache, dass die Folgen des Klimawandels die Preisstabilität mit hoher Wahrscheinlichkeit bedrohen werden. In Konsequenz scheint es daher sinnvoll, die zentralen Organe der Finanzmärkte mit Mandaten zur Prävention zu betrauen.

Allerdings kann an dieser Stelle kritisch angemerkt werden, dass die Betrauung von Zentralbanken ebenfalls Gefahren bringt. Ein Beispiel hierfür ist die Kritik an den Anleihen Kaufprogrammen der Federal Reserve (US amerikanische Notenbank) und Europäischen Zentralbank (EZB) zu nennen. Nach der Meinung einiger Experten[1] sei das Aufkaufen von Anleihen durch die Notenbank in dem aktuellen Umfang indirekte Staatsfinanzierung, was nach dem Gesetz verboten sei. Ungeachtet der Kritik ergibt sich jedoch, dass die Überwachung und implizierte Förderung der Finanzmittelvergabe, speziell an nachhaltige Projekte, sinnhaft erscheint. Die nationalen und übernationalen Zentralbanken könnten auf der Makroebene als zusätzliche Katalysator fungieren, um durch entsprechende Anreize die Umsetzung bei Banken zu fördern.

Allerdings zeigt sich auf der Seite der Banken und Finanzdienstleister ein wach- sendes Bewusstsein für die kommenden Veränderungen, durch die Beteiligungen an Risikobewertungs- und Berichterstattungsinitiativen (vgl. Weston und Nnadi, 2021, S. 2). Einige Initiativen sind beispielsweise die FTSE4Good Index Series, oder die The Global Reporting Initiative. Bemerkenswert ist ebenfalls, dass die Internationale Organisation für Normung begonnen hat, erste Normierungen zu schaffen, um mit Hilfe der Normen

---

[1] Wie beispielsweise Prof. Dr. Christian Rieck auf seinem Kanal https://www.youtube.com/channel/ UCSExr_QUT6h-4sGW5hGjrCA anführt.

ISO 144001 und ISO 26000 erste Kriterien für das Qualitätsmanagement der Unternehmen im Kontext der Nachhaltigkeit bereitzustellen (vgl. Kimbro, 2013, S. 103). Bei den vorangegangen Beispielen handelt es sich um erste Ansätze die Nachhaltigkeitsperspektiven zu erfassen und quantifizierbar zu machen. Die Motivation für diese Ansätze, liegt zum Zeitpunkt der Erstellung des Buches darin begründet, dass es von den Gesetzgebern noch keine klaren Anleitungen und Vorgaben hierzu gibt.

Aus den erwarteten Anpassungen der Gesetzgebungen ist ersichtlich, dass Banken und Finanzdienstleister sämtliche Aktivitäten, Prozesse und Produkte entsprechend der Nachhaltigkeit erfassen müssen. Die Erfassung der Informationen führt zu zahlreichen Herausforderungen. Im Detail werden diese Herausforderungen im nächsten Kapitel besprochen.

Literatur

Dikau, S. and Volz, U. (2021). Central bank mandates, sustainability objectives and the promotion of green finance. *Ecological Economics*, 184(1):1–20.

Dorfleitner, G., Halbritter, G., and Nguyen, M. (2015). Measuring the level and risk of corporate responsibility – an empirical comparison of different esg rating approaches. *Journal of Asset Management*, 15(1):450–466.

Höck, A. and Christian (2020). The effect of environmental sustainability on credit risk. *Journal of Asset Management*, 21(1):85–93.

Kimbro, M. B. (2013). *Corporate Sustainability*, chapter Integrating Sustainability in Capital Budgeting Decisions, pages 103–114. Springer, Berlin, Heidelberg.

Weston, P. and Nnadi, M. (2021). Evaluation of strategic and financial variables of corporate sustainability and esg policies on corporate finance performance. *Journal of Sustainable Finance & Investment*, 1(1):1–18.

Abgeleitete Herausforderungen des Sustainable Finance

4

Benjamin M. Abdel-Karim und Franz Xaver Kollmer

Aufbauend auf den vorangegangen Kapiteln, im Kontext der Grundlagen (Kap. 2) und der abgeleiteten Einflussbereiche (Kap. 3), befasst sich dieses Kapitel mit den Herausforderungen des Sustainable Finance (Abschn. 4.2). Dabei liegt der Fokus dieses Kapitels auf den Anforderungen für Banken und Finanzdienstleistern.

4.1 Daten, Daten und nochmals Daten

Aus den beschriebenen regulatorischen Anforderungen ergibt sich der Umstand, dass die Erfassung und Auswertung der generierten Daten, im Sinne des Sustainable Finance, notwendig ist (Bopp und Weber, 2020, S. 148). Diese Daten dienen als Grundlage, um entsprechend der Anforderungen geeignete Ausweisungen leisten zu können. In einer modernen Bank fallen, vor dem Hintergrund der unterschiedlichen Geschäftsbereiche, zahlreiche Daten an. Die Abb. 4.1 illustriert zum besseren Verständnis ausgewählter Geschäftsbereiche einer Bank.

Die Abb. 4.1 zeigt, dass eine Bank zahlreiche Kerngeschäftsfelder haben kann und entsprechend bedienen muss. Ein Kerngeschäftsfeld ist beispielsweise der Zahlungsverkehr. Kunden besitzen bei der jeweiligen Bank ein eigenes Privat- und/oder Geschäftskonto. Von diesen Konten werden Zahlungen getätigt und von anderen Bankkunden empfangen. Ein anderes Geschäftsfeld kann die Anlage- und Portfolioberatung darstellen. In Anlehnung an Abschn. 3.1 und Abb. 3.1 wird in diesem Geschäftsfeld Kapital akkumuliert und dient,

B. M. Abdel-Karim (✉) · F. X. Kollmer
Frankfurt am Main, Deutschland
E-Mail: BenjaminM.Abdel-Karim@gmx.de; franz-xaver-kollmer@gmx.de

B. M. Abdel-Karim, F. X. Kollmer (Hrsg.), *Sustainable Finance*,
https://doi.org/10.1007/978-3-658-36389-5_4

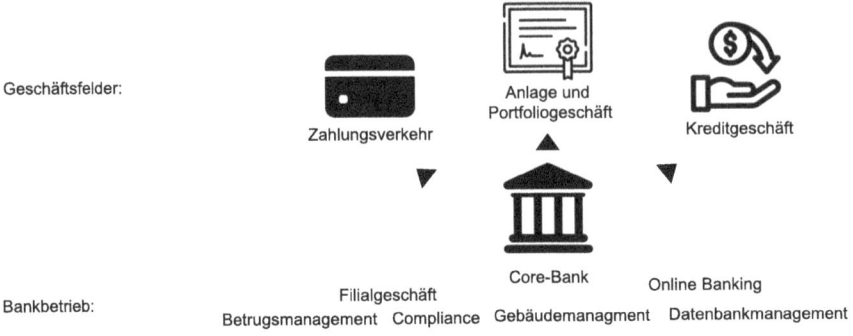

Abb. 4.1 Ausgewählte Geschäftsbereiche einer Bank

zumindest teilweise, als Grundlage für die Vergabe von Finanzmitteln für Finanzie-
rungsprojekte. Die skizzierten Geschäftsaktivitäten führen zur Notwendigkeit, weitere
Geschäftsbereiche innerhalb einer Bank zu erfassen, um die entsprechende Steuerung,
Überwachung und Verwaltung zu unterstützen. Diese Teilgeschäftsbereiche einer Bank
dienen im Allgemeinen der Sicherstellung eines reibungslosen Geschäftsbetriebs. Aus
dieser vereinfachten Darstellung lässt sich der Komplexitätsgrad an Systemen vermuten,
welche nahtlos in einander zugreifen müssen, um die Abwicklung der Geschäftsbereiche
zu realisieren. Die Herausforderung hierbei ist, dass die einzelnen Geschäftsbereiche in
der Regel nicht isoliert voneinander betrachtet werden können, sondern sich gegenseitig
informieren.

Beispiel

Ein kurzes Beispiel soll diesen Umstand verdeutlichen. Ein beliebiger Kunde einer
Bank möchte Aktien erwerben. Hierzu nutzt er das Geld aus seinem Gehaltsein-
gang von seinem Arbeitgeber. Dieser Arbeitgeber hat sein Gehaltskonto jedoch bei
einer anderen Bank. Damit die Zahlung des Gehalts realisiert werden kann, müssen
verschiedenste Systeme ineinandergreifen. Der Erwerb der Aktien erfolgt über das
Verrechnungskonto, welches neben dem Girokonto und dem Portfolio bei der Bank
des betrachteten Kunden liegt. Der Geldeingang erfolgt über den Zahlungsverkehr und
wird entsprechend verbucht. Der Kunde meldet sich über das Internetportal der Bank
an. Das Portal benötigt also Zugriff auf die Daten, um die gewünschte Umbuchung und
den späteren Aktienerwerb durchzuführen. Im Hintergrund werden die Informationen
gespeichert und ggf. an andere Finanzmarktteilnehmer und Aufsichtsbehörden weitergegeben. Dieses Fallbeispiel zeigt die systemische Komplexität, welches tagtäglich
bei Banken in verschiedenen Formen ineinandergreifen. Modifikationen, Wartungen
und Überholungen sind in Anbetracht dieser Komplexität nicht trivial. Allerdings
erfordert die Umsetzung des Sustainable Finance Eingriffe in sämtliche Prozessabläufe
der einzelnen Geschäftsfelder. Zum besseren Verständnis der abgeleiteten technischen

Herausforderungen ergibt es Sinn, einen kompahten Überblick der bestehenden Systeme mit Blick auf eine historische Einordnung zu betrachten. Allerdings muss an dieser Stelle betont werden, dass das obige Fallbeispiel ein simpler Fall ist. Vor diesem Hintergrund ist mit Blick auf die Firmenkundenabteilung eine deutlich höhere Komplexität anzunehmen. Dabei können aber Daten und Technologien helfen, die Komplexität zu managen. ◄

Zentraler Baustein in einer Bank sind also die Informationssysteme. Die technologische Entwicklung und die Veränderung der Informationssystemlandschaft, zur Realisierung der Geschäftsfelder im Banking, ist eine historische Entwicklung. Diese historische Entwicklung wird Gegenstand des folgenden Kapitels sein.

4.2   Die Herausforderungen der unterschiedlichen Bankensysteme

Für ein besseres Verständnis lassen sich Informationssysteme in drei essentielle Bestandteile unterteilen. Das sogenannte Three-Tier-Concept teilt Information in Presentation Tier, Logic Tier und Data Tier ein. Das Presentation Tier beschreibt die Schnittstelle zwischen dem System und dem Nutzer. Die Benutzeroberfläche (engl. Graphical User Interface) kann hierbei ein Terminal sein oder eine moderne Benutzeroberfläche sein. Das Logic Tier beinhaltet die logischen Bestandteile des Informationssystems. Hierbei handelt es sich um die eigentliche Programmlogik, bestehend aus Methoden, welche in der Regel in Klassen (logische Zusammenfassung von Quellcode, entsprechend der zugrunde liegenden Modelle) gebündelt sind. Diese Methoden operieren auf den Daten, die im Data Tier vorgehalten werden. An dieser Stelle muss erwähnt werden, dass es auch andere Konzepte gibt, wie beispielsweise das Model View Controller Konzept. Eine Diskussion der verschiedenen Konzeptionen würde an dieser Stelle zu weit führen. Allerdings haben diese Konzepte gemeinsam, dass sie die Informationssysteme in Komponenten entsprechend ihrer Aufgaben modularisieren. Im Zeitablauf sind verschiedene Architekturkonzepte von Informationssystemen entstanden. Die Abbildung gibt zunächst einen Überblick der hier ausgewählten Architektur, welche sich in der Regel bei Banken und Finanzdienstleister finden lässt (Abb. 4.2).

In den 1970er entstand das Konzept der zentralen Server Architektur. Hierbei steht im Zentrum der Betrachtung ein „Leistungsstarker" Server (engl. mainframe computer). Der Zugriff geschieht dabei über sogenannte Terminals. Diese Terminals haben kaum Rechenleistung und dienen ausschließlich Ein- und Aussagen von Informationen. Alle relevanten Berechnungen und Operationen übernimmt der Server. Auf diesem Server liegen ebenfalls die Daten und alle logische Operationen in Form von Quellcode und Software. Zudem werden die Darstellungen auf dem Server vorberechnet und entsprechend auf die Terminals zur Anzeige weitergeleitet. Der Vorteil bei der zentralen Serverarchitektur ist, dass die Daten an einer Stelle abgelegt sind. Außerdem besteht durch diesen Ansatz eine homogene Software-Landschaft. Wesentliche Nachteile ergeben sich aus dem Umstand,

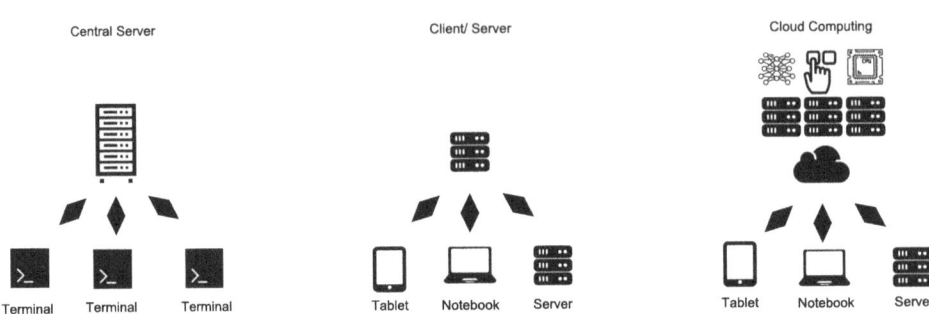

Abb. 4.2 Ausgewählte Architekturen

dass der Server die Achillesverse ist. Sofern der Server ausfällt oder angegriffen wird, besteht die Gefahr eines kompletten Ausfalls. Das System ist zudem in einem Netzwerk fixiert und eine Skalierung in Abhängigkeit der Auslastungssteuerung ist nicht vorhanden. Das bedeutet, dass bei einer hohen Auslastung durch beispielsweise viele Anfragen das Gesamtsystem gebremst wird. Damit ergibt sich aus Sicht der Software ein monolithischer Aufbau im Hinblick auf Wartung und Erweiterung. Zudem sind die Kosten für solche Arten von Servern im Vergleich zu den Alternativen sehr hoch. Allerdings ist ausgehend von einem solchen monolitischen System eine Umrüstung auf andere Architekturkonzepte sehr komplex. Zudem fehlen heute schon die notwendigen Experten am Markt, um solch aufwendige Systemänderungen vorzunehmen. Daher verwundert es, warum solche Ansätze in vielen Banken noch zum Einsatz kommen.

Die Client Server Architektur bestehen aus Server und Clients. Die Clients sind Endgeräte, wie handelsübliche Computer, Tablets, mobile Telefone oder sogenannte Internet of Things (IoT) Device. Diese Geräte können über das Internet mit dem Server verbunden werden, um Daten in beliebiger Form auszutauschen. Die Clients als Endgeräte rufen bei einem Verbindungsaufbau mit dem Server in der Regel entsprechende Dienstleistungen auf. Das besondere ist, dass je nach Anwendung der Client verschiedene Rollen einnehmen kann. Das bedeutet, der Client kann je nach Anwendungsfall als Präsentationsoberfläche (Presentation Tier) dienen, teilweise auch logische Operationen (Logic Tier) oder sogar Teile der Datenbasis (Data Tier) bereitstellen. Das erlaubt den Entwicklern solcher Architekturen und Systeme eine gewisse Flexibilität in der Entwicklung und Anwendung im Kontext der Client Server Architektur. An dieser Stelle muss erwähnt werden, dass die meisten Clients, aufgrund ihrer technischen Ausstattung auch als Server fungieren können und jeder Server wiederum als Client agieren kann. Der primäre Vorteil dieser Architektur ist die Flexibilität in der Entwicklung. Die Schichtenverteilung kann je nach Ansprüchen verteilt werden. Beispielsweise kann bei einer entsprechenden Internetverbindung dem Client mehr Arbeitslast zugewiesen werden und der Server dient als Datenhaltungsplattform. Bei solch einem Ansatz wird so Rechenlast vom Server genommen, sodass hier die Anzahl der Anfragen erhöht werden kann. Im Bereich der mobilen Applikationen wäre es vielleicht sinnvoller, möglichst viel Arbeitslast auf den

Server auszulagern, sodass viele einfache Clients den Dienst nutzen können, weil Sie nur die Benutzeroberfläche darstellen müssen. Der Nachteil dieser Systeme können die Serverauslastung aufgrund eines hohen Benutzeraufkommens sein. Generell erfordert die Umsetzung von Client Server Architekturen einen hohen Planungsaufwand, nicht zuletzt aufgrund der Koordination der einzelnen Akteure. Der administrative Aufwand steht damit in linearer Abhängigkeit zu den geplanten Servern und Clients.

Eine Abstraktion der Client Server Architektur stellt das sogenannte Cloud Computing dar. Im Wesentlichen wird beim Cloud Computing das Konzept der Client Server Infrastruktur genutzt. Die Abstraktion besteht dabei darin, die zugrundeliegende Hardware Infrastruktur von den Anwendungen zu lösen. Im Kern wird also die Serverhardware von den Serverprozessen getrennt. Demnach kann der Client beim Zugriff auf die Cloud Computing Architektur keine Aussagen mehr über die Serverseitige-Infrastruktur treffen. Die Kommunikation zwischen den Diensten und Anwendern erfolgt über vorher definierten Schnittstellen (Application Programming Interface, kurz API). Damit wird die zugrundelegende Hardwareinfrastruktur für die Clients irrelevant. In der Regel werden je nach Anwendungsfall drei Arten des Cloud Computing bereitgestellt:

- Infrastructure as a Service
- Plattform as a Service
- Software as a Service

Ein Beispiel von Infrastructure as a service beschreibt die Beziehung von Hardware in Form von sogenannten virutellen Machinen. Virtuelle Machinen beschreiben hier virtuelle Server, bestehend aus Betriebssystem und Hardware, wie Festplatten, RAM-Speicher und Grafikeinheiten. Der virtuelle Aspekt entsteht durch den Umstand, dass die einzelnen Hardwarekomponenten im Rechenzentrum virtuell zusammengesetzt werden können. D. h. alle Hardwarekomponenten müssen nicht unbedingt in einer Einheit des Rechenzentrums verbaut sein, sondern können je nach Bedarf des Kunden oder Vorgaben des Rechenzentrumsbetreibens zusammengeschaltet werden. Dieser Fall von Cloud Computing ist besonderes für die Forschung relevant, weil hier bei Bedarf ausreichend Rechenleistung für Experimente zusammengelegt werden kann. Hierzu kann exemplarisch das Trainieren von Modellen aus dem Bereich der künstlichen Intelligenz genannt werden, welche zunehmend Einzug in die Finanzmarktbranche halten. Solche Modelle können beispielsweise auf einer Cloud Computing Infrastruktur mit Hilfe großer Datenmengen für die Prognose von Aktienkursen trainiert werden. Die Arbeit von Abdel-Karim (2020) illustriert ein solches Trainings- und Testbeispiel für die Finanzmarktprognose mit Hilfe modernster Technologie aus dem Bereich der künstlichen Intelligenz. Durch die Virtualisierung solcher hochspeziellen Programmcodes in sogenannte Container, kann ein Forschungsvorhaben bequem auf die angemietete Cloud Computing Lösung verschoben und der Container mit nur wenigen Anweisungen ausgeführt werden.

Plattform as a Service beschreibt den Zugriff auf eine vollständige Plattform, die innerhalb der Cloud Computing Umgebung liegt. Dabei kann eine solche Plattform ein spezifisches Betriebssystem mit zahlreichen Unteranwendungen sein. Hier ist in der Banken und Finanzdienstleistung Branche der Trend zu beobachten, dass FinTech Startups diesen Technologieansatz vermehrt nutzen. Konkret bedeutet dies, dass die Anbieter von Servicedienstleistungen ihre gesamte Anwendung mit zugrundelegendem Betriebssystem in die Cloud Computing Landschaft verlagern. Interessierte Banken können nun den Service (häufig als Abo Variante) buchen und erhalten dann Zugriff auf die Plattform. Der Kunde solcher Anbieter kann hierbei in der Regel keine Rückschlüsse auf die Plattform anstellen, weil der Zugriff über den Browser erfolgt und der Anwender direkt zur Anwendung weitergeleitet wird.

Software as a Service beschreibt den Zugriff auf Softwarepakete aus der Cloud. Dies kann beispielsweise eine Bankensoftware oder ein typisches Office Produkt sein, die dem Anwender zur Verfügung gestellt werden.

Zusammengefasst ist festzuhalten, dass sich hinter dem umgangssprachlichen Cloud Begriff, Rechenzentren verbergen. Diese bestehen aus einzelnen Hardware Komponenten, den sogenannten Racks. Diese Racks bilden die Basisbausteine des Rechenzentrums. Aus den Racks werden dann Server und Dienstleistungen zusammengeschaltet. Bei den Racks handelt es sich um Metallkisten, die im wesentlichen aus Rechenkernen, Festplatten und Grafikkarten bestehen. Die Bilanzkennzahlen der großen Technologie Firmen zeigen den Erfolg der Cloud Computing Dienstleistungen. Ein Vorteil des Cloud Computing ist die Skalierung von Infrastruktur je nach Bedarf. Dieses Prinzip nutzen beispielsweise große Logistikdienstleister für ihren online-Handel oder Streaming Dienstanbieter. Das heißt, bei Bedarf können Varianten der Cloud genutzt werden. Zudem ist die Cloud für viele Anbieter in der Regel kostengünstig, aufgrund der Mietmodelle. Die Cloud Systeme werden professionell gewartet und es gibt intelligente Backup Lösungen, was die Kosten für Administration und Wartung minimiert. Zudem erlaubt die Cloud einen weltweiten Zugriff. Außerdem ist ein weiterer Vorteil, dass alle Endgräte relativ geringe Rechenleistung brauchen. Dieser Ansatz erlaubt völlig neue Geschäftsmodelle, indem rechenintensive Operationen bei Bedarf auf die Cloud Infrastruktur ausgelagert werden und das Ergebnis an den jeweiligen Anwender zurück gesendet wird. Mit Blick auf potenziellen Anwendungen mit Komponenten künstlicher Intelligenz ist anzunehmen, dass solche Lösungen in naher Zukunft an Bedeutung gewinnen werden. Den genanten Vorzügen des Cloud Computing stehen zahlreiche Nachteile gegenüber, beispielsweise ist die Abgabe der Daten auf die Cloud Computing Infrastruktur in den meisten Fällen notwendig, um die Dienste nutzen zu können. Zudem gibt es Betreiber-und Länderrisiken in Form von politischen Rahmenbedingungen. Wesentlich sind die Lock-In Effekte nicht zu unterschätzen. Ebenso muss der Nutzer dieser Cloud Computing Dienste eine stabile Internetverbindung sicherstellen, was mitunter kein triviales Unterfangen ist.

Im Zuge der technologischen Entwicklung ist der Trend zu beobachten, dass die Mainframe Computer Systeme allmählich durch spezifische Anwendungen abgelöst werden. Also spezifische Software, ggf. durch Drittanbieter, die einzelne Anwendungen anbieten. Ein weiterer Ansatz, der zunehmend, auch durch die Cloud Computing Möglichkeiten entsteht, ist die Verwendung von Microservices. Hierbei sind Microservices als eine der modernsten Formen der Softwarearchitektur zu verstehen, mit dem Ziel Anwendungssoftware aus unabhängigen Diensten zusammenzusetzen. Diese einzelnen Dienste tauschen notwendige Informationen über die wohldefinierten Schnittstellen aus. Dies führt zu einer Unabhängigkeit der Dienste von einzelnen Plattform und Programmiersprachen. Diese Art und Weise der Systemarchitektur erlaubt eine hohe Flexibilität im Sinne der Entwicklung und Wartung der einzelnen Microservices. Als Beispiel in einer Bank kann sich ein Microservice um die Bereitstellung der Daten in der gewünschten Form kümmern. Ein weiterer Microservice greift auf diese Daten zu und übernimmt entsprechende Berechnungen. Der nächste Microservices übernimmt die visuelle Darstellung für einen Nutzer, beispielsweise als Webseite. Im Zuge solch einer Umsetzung kann die Rechenzeit genau spezifiziert werden, weil nicht jeder Dienst kontinuierlich vorgehalten werden muss. Das führt besonderes mit Blick auf eine Cloud Nutzung zu optimalen Systemauslastung. Für Microservices kommen in der Regel auch die genannten Container zum Einsatz, weil mit deren Hilfe die jeweiligen Microservices bei Bedarf entsprechend von einer Umgebung auf eine andere „verschifft" werden können. Damit werden sowohl Dienste als auch Hardwarekomponenten unabhängig und können flexibel angepasst werden. Diese Vorgehensweise erlaubt es ebenfalls bei einem höheren Nutzerbedarf zu skalieren. Dieser Ansatz der Systementwicklung ist durch den Streamingdienstleister Netflix bekannt geworden. Die Abb. 4.3 zeigt exemplarisch mögliche Anwendung der Architekturen.

Die Abb. 4.3 gibt einen Eindruck, wie die Banken Informationssysteminfrastruktur aufstellen können. Ausgehend von der Mainframe Konzeption, bei der alle relevanten Kernsysteme einer Bank in einem zentralen Server zusammengefasst sind, ist im Zeitablauf ein anwendungsorientierter Ansatz entstanden, bei dem für jeden Anwendungsbereich eine Software genutzt wird. Dabei kann eine Bank einige Dienstleistungen auch von Drittanbieter beziehen. Die modernste Form einer möglichen Architektur stellt die vollständige Auslagerung von Anwendungen auf den Konzepten der Microservices mit Hilfe von Containern in der Cloud dar. Selbstverständlich finden sich in der Praxis zahlreiche Mischformen wieder.

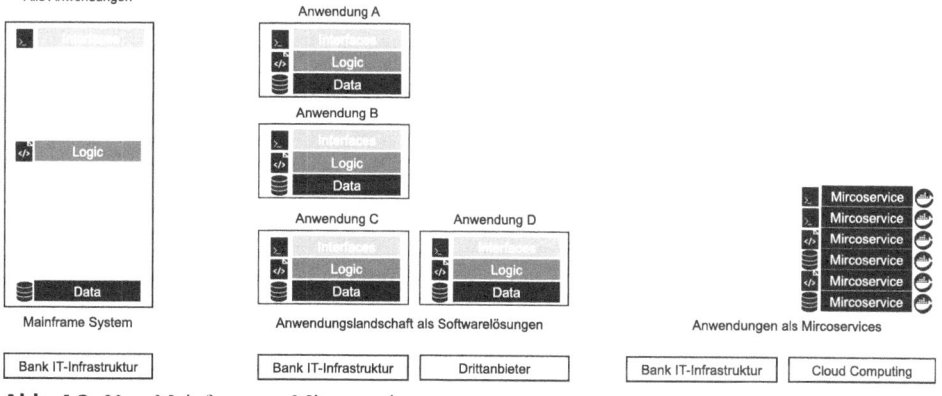

Abb. 4.3 Vom Mainframe zu Microservices

Dieser Umstand zeigt die Herausforderung für die Verantwortlichen einer Bank, um an die entsprechenden Daten für die Analyse, im Sinne des Sustainable Finance aus den unterschiedlichen Anwendungen, Softwarelösungen und Microservices zu gelangen. Im kommenden Kapitel wird sich dieser Herausforderung genauer gewidmet und werden Lösungsansätze vorgestellt.

Literatur

Abdel-Karim, B. M. (2020). Beautiful fractals as a crystal ball for financial markets? – investment decision support system based on image recognition using artificial intelligence. *Journal of Prediction Markets*, 14(2):27–43.

Bopp, R. E. and Weber, M. (2020). *Sustainable Finance – Auswirkungen des Klimawandels auf das Risikomanagement der Banken.* Schäffer-Poeschel, Stuttgart.

Nutzen wir Heute die Zukunft: Technologische Lösungsansätze

5

Benjamin M. Abdel-Karim und Franz Xaver Kollmer

Dieses Kapitel widmet sich möglichen technologischen Lösungsansätzen für die Datenintegration im Kontext des Sustainable Finance. Im Fokus wird entlang eines datengetriebenen Prozesses auf sensible Punkte hingewiesen. Als Grundlage für diese Überlegung dient ein Fallbeispiel (Abschn. 5.1). Dabei erfolgt zunächst die Darstellung der Datenerfassung und die Betrachtung von Schnittstellen (Abschn. 5.2). Anschließend erfolgt die Auseinandersetzung mit der Thematik der Datenanalyse (Abschn. 5.3). Die Datenanalyse liefert damit die Grundlage für die Darstellung der Ergebnisse mittels Reporting (Abschn. 5.4).

5.1 Idealtypisches Fallbeispiel

Beispiel

Zur Illustration möglicher Lösungsansätze soll ein idealtypisches Fallbeispiel dienen. Die Prämisse, die dem Fallbeispiel zu Grunde liegt, besteht darin, dass die exemplarische Bank sich auf die Herausforderungen des Sustainable Finance vorbereitet hat. Dabei setzt diese hypothetische Bank auf moderne Technologien, um die notwendigen Daten für das Sustainable Finance zu extrahieren, auszuwerten und entsprechenden für die unterschiedlichen Zielgruppen aufzubereiten. Die Abb. 5.1 zeigt die interne Software Architekturlandschaft des Bankhauses aus dem idealtypischen Fallbeispiel.

B. M. Abdel-Karim (✉) · F. X. Kollmer
Frankfurt am Main, Deutschland
E-Mail: BenjaminM.Abdel-Karim@gmx.de; franz-xaver-kollmer@gmx.de

B. M. Abdel-Karim, F. X. Kollmer (Hrsg.), *Sustainable Finance*,
https://doi.org/10.1007/978-3-658-36389-5_5

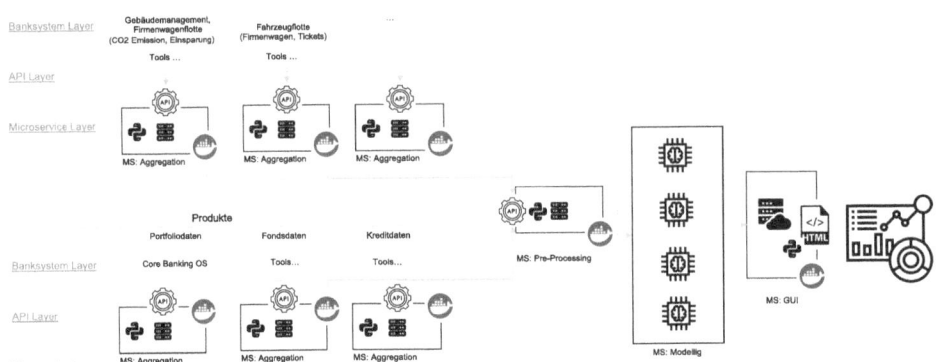

Abb. 5.1 Idealtypisches Fallbeispiel der Software Architekturlandschaft, MS = Microservices

Ausgangspunkt der Software Architekturlandschaft sind die Anwendungsfelder, welche durch die Geschäftsbereiche definiert werden. Die Bank hat sich dazu entschieden, die Software in die Bereiche „strategische" und „operative" Geschäftsprozesse einzuteilen. Für die einzelnen Geschäftsbereiche kommen verschiedene Softwarelösungen zum Einsatz. Diese einzelnen Softwarelösungen werden für die beiden Kernbereiche im Banksystem Layer zusammengefasst. Diese Sicht umfasst also alle Anwendungen, die in der Bank für unterschiedliche Anwendungsfelder zum Einsatz kommen. Dies kann zum Beispiel die Gebäudemanagement Software sein, welche unter anderem die Daten des Stromverbrauches erfasst. Alternativ das CoreBanking Betriebssystem, welches die zentralen Kundenstammdaten enthält und teilweise auch Produktinformationen. Damit können diese einzelnen Softwarelösungen als Datenquellen für die Überlegungen zur Nachhaltigkeit angesehen werden. Die Kernfrage, die sich damit aufdrängt ist: Wie lassen sich diese Daten unter Berücksichtigung des Datenschutzes und Bankgeheimnisses extrahieren, um entsprechende Auswertungen im Sinne der Nachhaltigkeit durchzuführen? ◄

5.2   Datenerfassung und Schnittstellen

Einen möglichen Zugang zu den Daten ermöglichen die sogenannte Application Programming Interfaces API (siehe hierzu Abschn. 4.2). Entwickler von Standardsoftware erlauben es ihren institutionellen Kunden entsprechende Schnittstellenkonfigurationen vorzunehmen. Dieser Umstand bietet den Vorteil, dass Banken ihre Standardsoftware für einen Datenaustausch modifizieren können. Dabei kann der Datenaustausch über die jeweilige Schnittelle sehr präzise spezifiziert werden. Vor diesem Hintergrund kann beispielsweise die Gebäudemanagement Software über eine API nur jene Daten weiterleiten, die für den Empfänger der Information relevant sind. Die Bank aus dem Fallbeispiel in Abb. 5.1 hat im Zuge einer Modernisierung und durch die Unterstützung von IT-Beratungsdienstleistern ihre Standardsoftwarelandschaft mit APIs ausgestattet und die einzelnen APIs in einem formalen API Layer zusammengefasst.

Ausgehend von dem API Layer dienen sogenannte Microservices (siehe hierzu Abschn. 4.2) als Aggregation, Auswertung und Reporting Dienst. Hierbei liegen die Microservices als Containerlösung auf mehreren virtuellen Maschinen in der Cloud bei einem Cloud Computing Anbieter auf Servern in Frankfurt am Main verteilt. Alle großen Cloud Computing Anbieter stellen mittlerweile Server in verschiedenen Regionen zur Verfügung, um den Datensicherheitsstands von institutionellen Akteuren zu entsprechen. Container als standardisierte Umgebung ermöglichen es, eine Anwendung mit ihren Abhängigkeiten und ihrer Ausführungsumgebung in eine in sich geschlossene Einheit aufzunehmen, damit die eigentliche Software Systeme unabhängig ausgeführt werden (vgl. Cito et al., 2017, S. 323). Das bedeutet, die Containter sind in der Lage, die Software des Microservices in einer Umgebung bereitzustellen, welche alle notwendigen Bestandteile für den Microservices bereitstellt, sodass der Microservices bequem und ohne viel Aufwand auf den verschiedensten Plattformen ausgeführt werden kann. Auf der Basis der Microservices ergeben sich für die Microservices die folgenden Eigenschaften. (1) Microservices sind klein, (2) ihr Fokus liegt auf einer Aufgabe, (3) sie stehen in Beziehung zu einem Kontext, (4) sie sind autonom, (4) sie lassen sich unabhängig vom System ausführen. Der zentrale Gedanke in diesem Aufbau ist, dass jeder Microservice unabhängig von der zugrundeliegenden Hardware ist. Damit kann er bei Bedarf schnell gewartet und ggf. von einer Plattform zu einer anderen Plattform gewechselt werden.

Jeder Microservice nutzt eine entsprechende API Spezifikation, um den mit einer spezifizierten Standardsoftware zu kommunizieren. Dabei tauscht die Standsoftware und der Microservice über die API relevante Daten (untereinander) aus. Der Microservice für die Daten-Aggregation des Gebäudestromverbrauchsdaten tauscht beispielsweise Informationen mit der Gebäudemanagement Software aus. Der Mircoservice authentifiziert sich in regelmäßigen Terzintervallen bei der Gebäudemanagement Software und erhält darauf hin anonymisierte Daten. Der Mircoservice verwendet in diesem Beispiel exemplarisch die Programmiersprache Python, um mit wenigen Zeilen Quellcode aus der Data Science Bibliothek Pandas, die Rohdaten der Gebäudemanagement Software zu aggregieren und in einer eigenen Datenbank in bereinigter Form bereitzustellen. Die anderen Microservices für die Standardanwendungen sind analog dazu aufgebaut. Alle Microservices stellen damit Datenbanken für weitere Analysen bereit. Diese Rohdaten aus der Datenaggregation in den unterschiedlichen Datenbanken der Microservices werden dann von einem weiteren Microservice vorverarbeitet und analysiert. Abschließend erfolgt ein entsprechendes Reporting via Microservice.

Die Microservices fungieren in diesem Beispiel nach dem Vorbild der Schwarmintelligenz. Jedes Individuum hat eine ganz spezifische Aufgabe und trägt damit zur Erfüllung des Aufgaben-Spektrums der Gruppe bei. Analog zur Zusammenarbeit bei Menschen in Gruppen, wie die Forschung von Woolley et al. (2020) belegt. Der Vorteil bei den Microservices besteht darin, dass einzelne Elemente beim Bedarf ersetzt werden können, sodass ein Ausfall keine größeren Auswirkungen auf das Kollektiv hat. Der Schwarm folgt dabei einem übergeordneten Prozess. In diesem Fall realisieren die einzelnen Microservices den Data Science Prozess bestehend aus Datengewinnung (engl. Data Mining), Datenvorverarbeitung (engl. Pre-Processing), Datenmodellierung und Datenauswertung. Für eine tiefere Auseinandersetzung mit dem Themenfeld des sogenannten „Daten Science" und seinen Anwendungsmöglichkeiten sei an dieser Stelle, unter anderem, auf das Werk von Abdel-Karim (2021) verwiesen. Die Vorzüge der besprochenen Softwarearchitektur ergeben sich aus seiner Umsetzung im Kontext des Betriebes bei Bank und Finanzdienstleister. Jeder einzelne Prozess ist wartungsarm und kann bei Bedarf umziehen oder ausgetauscht werden, indem der jeweilige Container angepasst wird. Durch die APIs sind alle Schnittstellen definiert und die Erweiterung oder Verringerung der eingesetzten Standardsoftware Systeme hat keine Auswirkungen auf den übergeordneten Prozess, weil die einzelnen Container beliebig hinzugefügt oder entfernt werden können.

Allerdings besteht die Herausforderung beim Einsatz von Containern in der Orchestrierung, besonders über verschiedene Cloud Anbietern hinweg. Der Einsatz von verschiedenen Cloud Anbieter für den eigenen Betrieb wird auch als Multi-Cloud Lösung bezeichnet. Durch die Verteilung und den Betrieb verschiedener Container kann die Komplexität hinsichtlich der Verwaltung ansteigen. Dies muss beim Einsatz dieser Technologien bedachtet werden. Für die Orchestrierung der Container kann zusätzliche Software wie beispielsweise die Open-Source Software von Google® „Kubernetes" eingesetzt werden. Zur Verwaltung mehrere Cloud Anbieter eignen sich ebenfalls Dienstleister, wie beispielsweise Meshcloud®.

Zu beachten ist jedoch, abgesehen vom Einsatz divser Cloud Lösung, der Einsatz eines Cloud System mit Container Technologie, dass das IT-Management eine Vereinfachung erfahren, weil der Cloud Computing Dienstleister alle Maßnahmen der Wartung und Instandhaltung übernimmt. Außerdem haben die Anbieter von Cloud Computing damit begonnen, ihre Rechenzentren im Sinne Nachhaltigkeit zu modernisieren, sodass der Einsatz solcher Systeme für eine Bank bzw. Finanzdienstleister zu einer Einsparung in der eigenen Emissionsbilanz führen kann.

5.3   Datenanalyse

Ausgehend von der Abb. 5.1 und den ersten Überlegungen zu Microservices ergibt sich die Frage, wie sich gewonnene Daten analysieren lassen. Hierzu soll das Konzept der professionellen Daten Anaylse dienen, welches mittlerweile unter dem Begriff Data Science zu finden ist. Data Science kann als Wissenschaft der Datenanalyse verstanden werden, mit dem Ziel aus den Datenquellen mit Hilfe von wissenschaftlichen Methoden Erkenntnisse zu gewinnen (vgl. Donoho, 2017, S. 763). Allerdings ist die Etymologie des Begriffes nicht eindeutig zu identifizieren. Allerdings liefern einige wissenschaftlichen Quellen einen Ansatz zur zeitlichen Eingrenzung wie beispielsweise das Werk von Cao (2017) oder Murtagh und Devlin (2018). Demnach wurde der Begriff das erste Mal 1960

Abb. 5.2 Data Science

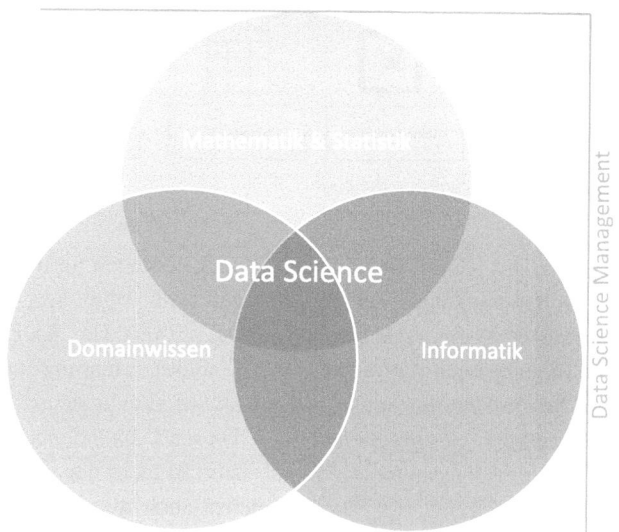

dokumentiert. Ungeachtet dessen ist festzuhalten, dass Data Science in seiner aktuellen Verwendung ein Sammelbegriff ist und sich aus unterschiedlichen Forschungsdisziplinen speist. Demnach ist festzuhalten, dass Data Science die Schnittmenge aus Methoden der Informatik, Statistik und Mathematik ist. In der Regel wird im Kontext des Projektchrakters durch Data Science durch Management-Techniken begleitet. Die Abb. 5.2 zeigt eine mögliche Verortung des Data Science.

Durch die praktische und wissenschaftliche Relevanz dieses Begriffs ist zu beachten, dass der dahinter stehende Gedanke der Datenauswertung in allen Bereichen des täglichen Lebens zu finden ist. Ferner hat sich der Begriff Data Science zu einer eigenen Forschungsrichtung weiterentwickelt und zu einem eigenen Fachbereich. Ausgehend von diesem Umstand ist festzuhalten, dass Data Science maßgeblich zur Disruption ganzer Branchen beigetragen hat. Daher verwundert es nicht, dass die Rolle des Data Scientist nach Forbes und Glassdoor[1] auf Platz 1 der beliebtesten Berufsbilder unserer Zeit zählt.

In Bezug auf die Daten Analyse der gewonnenen Daten aus dem Fallbeispiel, kann Data Science ebenfalls als Prozess verstanden werden in Anlehnung an das Knowledge Discovery in Database (KDD) Modell von Fayyad et al. (1996). Im Allgemeinen kann KDD Modell als ein Prozessleitfaden für die Informationsanalyse und Wissensextraktion verstanden werden, der in Stufen von der Datenerfassung bis zur Dateninterpretation unterteilt ist, mit dem Ziel aus den Rohdaten-Erkenntnisse zu gewinnen, indem die Analyse einer Prozessstruktur unterworfen wird (Abdel-Karim et al., 2021). Das Vorgehen soll also dem Nutzer dabei helfen wertvolle Informationen zu erhalten, um ihn so bei der Erreichung eines bestimmten Ziels zu unterstützen (Rojasa und Villegas, 2013,

---

[1] https://bit.ly/2TLGf5j. Zugegriffen am 07.03.2022.

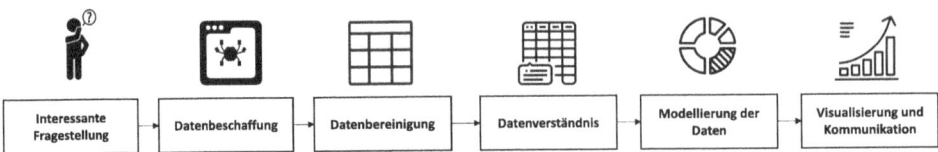

Abb. 5.3 Data Science Prozess

S. 136). Das KDD-Modell als abstrakter Leitfaden für die Entwicklung von Methoden zur sinnvollen Nutzung von Daten (Fayyad et al., 1996, S. 37) ist ebenfalls ein Teil des Data-Mining-Prozesses (DM) (Marban et al., 2009). Das KDD-Modell sieht die Verwendung von Eingabedaten vor, die aus einer Datensatzerfassung stammen (Lara et al., 2014, S. 54). Vor diesem Hintergrund kann das KDD Modell heute als gedanklicher Ursprung des Data Science Prozesses gesehen werden. Diesen Data Science Prozess illustriert die Abb. 5.3.

Mit der zielgerichtet Datenanalyse im Blick ist der erste Schritt im Data Science Prozess die Aggregierung der Daten, welcher auch als Datengewinnung (engl. Data Mining) beschreiben wird. Dieser Arbeitsschritt wird in dem angeführten Fallbeispiel durch die verschiedenen Microservices übernommen, welche ihre Daten in Datenbanken ablegen. Jedoch ist zumeist anzunehmen, dass die Daten in den Datenbanken nicht in der Form bereit liegen, wie es für eine geeignete Auswertungen sinnvoll wäre.

Der nächste Schritt im Data Science Prozess ist die Datenbereinigung (engl. Data preprocessing). An dieser Stelle zu erwähnen, dass dieser Arbeitsschritt zeitintensiv ist. Hintergrund ist hierfür, dass beispielsweise die Datenbanken um Einträge mit fehlenden Werten bereinigt werden müssen oder als Alternative fehlenden Werten interpoliert werden. Daraus folgt, dass diese Vorverarbeitungsschritte einen erheblichen Teil des Aufwandes in Anspruch nehmen kann. Die Schätzungen gehen davon aus, dass etwa 80 % der Zeit für die Datenaufbereitung aufgewendet wird, wie die Umfrage auf einem anerkannten Data-Science-Portal zeigt.[2] Dieser Umstand zeigt die Relevanz der Datenaufbereitung. Ebenfalls können die Microservices geeignet angepasst werden, um schon bei der Datenerfassung auf Besonderheiten der späteren Weiterverarbeitung zu achten.

An die Datenbereinigung schließt das Erkunden (engl. Explore the data) der Daten an. In diesem Schritt geht es primär darum, ein „Gefühl" für die Daten und ihre Beschaffenheit zu erlangen. Dieser Schritt dient also dem besseren Verständnis der Daten. In der Regel werden hier zunächst erste deskriptive Statistiken und Visualisierungen erstellt.

Auf Basis des Datenverständnis es können nun geeignete Modelle für die Daten konzipiert werden, um beispielsweise Vorhersagen über die Zukunft machen zu können. Im Schritt der Daten-Modellierung (engl. Model the data) geht es also darum, Modelle zu entwickeln, die helfen sollen, quantitative Aussagen in Bezug zu den Daten und den

---

[2] https://bit.ly/2WwVPho. Zugegriffen am 07.03.2022.

darunterliegenden Sachverhalten anstellen zu können. Bei den Modellen kann es sich um klassische Instrumente, wie beispielsweise Regressionsmodelle, Handeln oder Verfahren aus dem Bereich der künstlichen Intelligenz. Im Kontext der künstlichen Intelligenz werden Daten die Modelle zunächst auf einer Teilmenge der Daten „trainiert" ggf. anschließend „validiert" und dann auf dem verbleibenden Teil der Daten „getestet".

Abschließend erfolgt die Interpretation der Modell-Ergebnisse. Im Zuge dessen werden die Ergebnissen entsprechend analysiert.

An dieser Stelle sei erwähnt, dass die Prämisse für die Umsetzung des Data Science Prozesses eine initiale Fragestellung ist. Allerdings sei erwähnt, dass in der Praxis ebenfalls zunächst die Daten vorliegen und dass Data Science versucht, auf Basis der Daten geeignete Fragestellungen abzuleiten.

Die Abb. 5.1 zeigt, dass die Data Science Schritte in automatisierter Form ablaufen, indem hierfür eigenständige Microservices verwendet werden, welche die Schritte des Pre-Processings, der Daten Modellierung und der späteren Darstellung vornehmen. Die Automatisierung dieser Schritte ist prinzipiell möglich, wenn beispielsweise ein Data Science Team zunächst mit Hilfe von vorher aggregierten Daten entsprechende „Feld-" Analysen durchgeführt hat. Das bedeutet, im Vorfeld wurden die gesammelten Daten aus den Microservices gesammelt, vor-verarbeitet, analysiert und in ersten Modellen getestet. Die Ergebnisse wurden anschließend erfasst und entsprechend automatisiert. Durch die Automatisierung „laufen" die Daten aus den Aggregationen über die Micro-services zusammen und werden entsprechend automatisch bereinigt. Die neuen Daten werden den bereits „vortrainierten" Modellen zur Verfügung gestellt. Das bedeutet, die Modelle werden erneut auf den neuen Daten „trainiert" und dadurch aktualisiert. Durch dieses Verfahren übernehmen die Modelle die neuen Datenstrukturen und ggf. inhärente Veränderungen der Daten über die Zeit.

Im Umkehrschluss wird damit der Microservice Ansatz um eine datenzentierte Perspektive erweitert. Diese wird in der Fachsprache auch als Datenpipeline bezeichnet, weil sobald neue Daten vorliegen, wird ein Teil des Gesamtsystems auf Basis der neuen Daten aktualisiert.

Die Herausforderung besteht in diesem Fall darin, zu bestimmen, wann ein geeinter Aktualisierungszeitpunkt ist um die entsprechenden Systemkomponenten zu aktualisieren. Konkret heißt dies, dass beispielsweise jede Stunde, Tag, Woche oder Monat zu einem festen Zeitpunkt der aktuelle Stand der Datenbank an den Bereinigungsprozess weitergereicht werden, um die Modelle zu trainieren und somit exemplarisch Prognosen zu optimieren. Das bedeutet also die Aktualisierung aller Datenbanken und Datenmodelle sowie ggf. ein Neustart der betreffenden Container. Dieser Grad an Komplexität kann jedoch durch moderne Software übernommen werden.

5.4   Ergebnisdarstellung

Bekanntlich sagen Bilder mehr als tausend Worte. Daher verwundert es nicht, weshalb die Darstellung von Ergebnissen eine zentrale Rolle in der Vermittlung von Wissen einnimmt. Die Relevanz von Illustrationen ist in der Forschung hinreichend dokumentiert, exemplarisch sei hier auf die Anfänge der Visualisierung verwiesen. Snow (1855) konnte durch die geeignete Visualisierung von Daten herausfinden, dass die Ursache für die Ausbereitung der Cholera Erkrankung die Brunnen sind (vgl. Bynum, 2013, S. 169). Der Ansatz Daten zu erfassen und für das Verständnis zu visualisieren ist ein sehr effektives Instrument, wie beispielsweise in der heutigen Pandemie Forschung (vgl. Pietz et al., 2020, S. 388).

Die hier dargestellte Umsetzung basiert auf der Annahme, dass eine antiquierte Architektur konsequent durch eine solche modernen ersetzt wird. Allerdings ist solch eine Änderung tiefgreifend und aufgrund der Wechselwirkungen zu anderen Systemen nicht immer möglich. Eine Alternative hierzu ist die Integration einer Softwarezwischenschicht, um aus der heterogenen Softwarelandschaft zumindest einen Teil der Daten zu aggregieren. Durch den Einsatz solcher Zwischenschicht Softwarelösungen können Datenprojekte aufbauend auf bestehenden Systemen realisiert werden. Eine bekannte Softwarelösung ist Apache Kafka®. Allerdings muss kritisch erwähnt werden, dass durch den Einsatz von Drittanbieter Lösungen eine zusätzliche Abhängigkeit in Bezug zum Anbieter entsteht. Zudem kann die Komplexität im Sinne der Verflechtungen der Systemen führen.

Die in diesem Kapitel dargestellten theoretischen Ansätze werden in Kap. 11 anhand eines Fallbeispiels konkretisiert. Darüber hinaus zeigt Kap. 7 ein aktives Geschäftsmodell einer Neobank, welche auf die hier dargestellten Technologien zurückgreift.

Literatur

Abdel-Karim, B. M. (2021). *Data Science: Best practices mit Python*. Springer Vieweg, Wiesbaden.

Abdel-Karim, B. M., Pfeuffer, N., and Hinz, O. (2021). Machine learning in information systems research – a bibliographic review and open research issues. *Electronic Markets*, pages 1–50.

Bynum, W. (2013). In retrospect on the mode of communication of cholera. *Nature*, 495(14): 169–170.

Cao, L. (2017). Data science: A comprehensive overview. *ACM Computing Surveys*, 50(3):1–42.

Cito, J., Schermann, G., Wittern†, J. E., Leitner, P., Zumberi, S., and Gall, H. C. (2017). An empirical analysis of the docker container ecosystem on github. *2017 IEEE/ACM 14th International Conference on Mining Software Repositories (MSR)*, 1(1):323–333.

Donoho, D. (2017). 50 years of data science. *Journal of Computational and Graphical Statistics*, 26(4):745–766.

Fayyad, U., Piatetsky-Shapiro, G., and Smyth, P. (1996). From data mining to knowledge discovery in databases. *AI Magazine*, 17(3):37–54.

Lara, J. A., Lizcano, D., Martínez, A., and Pazos, J. (2014). Data preparation for kdd through automatic reasoning based on description logic. *Information Systems*, 44(8):54–72.

Marban, O., Segovia, J., Menasalvas, E., and Fernandez-Baizan, C. (2009). Toward data mining engineering: A software engineering approach. *Information Systems*, 34(1):87–107.

Murtagh, F. and Devlin, K. (2018). The development of data science: Implications for education, employment, research, and the data revolution for sustainable development. *Big Data and Cognitive Computing*, 2(2):2–16.

Pietz, J., McCoy, S., and Wilck, J. H. (2020). Chasing john snow: Data analytics in the covid-19 era. *European Journal of Information Systems*, 29(4):388–404.

Rojasa, W. A. C. and Villegas, C. J. M. (2013). Graphical representation and exploratory visualization for decision trees in the kdd process. *Procedia – Social and Behavioral Sciences*, 73(2):136–144.

Snow, J. (1855). *On the Mode of Communication of Cholera*. John Churchill, London.

Woolley, A. W., Chabris, C. F., Pentland, A., Hashmi, N., and Malone, T. W. (2020). Evidence for a collective intelligence factor in the performance of human groups. *Science*, 330(1):686–687.

Benjamin M. Abdel-Karim und Franz Xaver Kollmer

Die vorangegangen Kapitel haben gezeigt, in welchen unterschiedlichen Anwendungsbereichen Sustainable Finance zur Anwendung kommt. Motiviert durch die Gesetzgeber (Kap. 3) und die damit verbundenen Herausforderungen für Banken und Unternehmen (Kap. 4) entsteht ein neuer Markt für Anbieter von Dienstleistungen und Produkte im Kontext Sustainable Finance. Dieses Kapitel versucht eine erste Systematisierung dieser Dienstleistungen und Produkte entlang der entstehenden Sustainable Finance Wertschöpfungskette.

6.1 Datenwertschöpfungskette

Mit dem gewonnenen Wissen aus den bisherigen Kapiteln ergibt sich die Erkenntnis, dass Sustainable Finance die Motivation für eine Daten getriebene Wertschöpfungskette sein kann. Damit werden Daten zur Grundlage dieser Wertschöpfungskette, beispielsweise können dies die Transaktionsdaten der Zahlungsströme eines Kunden sein. Das Beispiel ist aus dem Grund als Hilfe zur Illustration geeignet, weil Banken und Finanzdienstleister im Rahmen der Nachhaltigkeit, die nur ihren eigenen CO_2 Ausstoß quantifizieren müssen, sondern auch ihren Kunden auf individueller Basis diese Quantifizierung auf Basis der Zahlungsverhaltensweise anbieten können.

B. M. Abdel-Karim (✉) · F. X. Kollmer
Frankfurt am Main, Deutschland
E-Mail: BenjaminM.Abdel-Karim@gmx.de; franz-xaver-kollmer@gmx.de

© Der/die Autor(en), exklusiv lizenziert an Springer Fachmedien Wiesbaden
GmbH, ein Teil von Springer Nature 2022
B. M. Abdel-Karim, F. X. Kollmer (Hrsg.), *Sustainable Finance*,
https://doi.org/10.1007/978-3-658-36389-5_6

Beispiel

Zum besseren Verständnis kann angenommen werden, dass ein beliebiger Kunde zu einem Zeitpunkt T einen Kreditkartenumsatz von 50,00 Euro generiert hat. Neben den eigentlichen Transaktionsdaten wie den Kontodaten des Empfängers und Senders sind weitere Informationen wie der Verwendungszweck und Betrag zu finden. Für dieses Fallbeispiel sei angenommen, dass die Überweisung die Informationen „Tankstelle Y sagt danke: Diesel" enthält. Aus diesen Angaben und ggf. weiteren Meta Daten lässt sich schließen, dass der beliebige Kunde für 50,00 Euro an einer Tankstelle zum Zeitpunkt T für 50 Euro Diesel für sein Kraftfahrzeug getankt hat. Durch den Zeitpunkt T lässt sich nun die genaue Liter Menge an Diesel ermitteln. In diesem Fallbeispiel soll es vereinfacht 1,00 Euro pro Liter sein. Daher kann approximiert werden, dass der beliebige Kunde 50,00 Liter getankt hat. Durch eine Abfrage in diesem Quellen (teilweise öffentlichen) lässt sich ermitteln, dass 1 Liter ca. 2,33 Kilogramm CO_2 erzeugt. Somit kann angenommen werden, dass der Kunde 116,5 Kilogramm CO_2 ausstoßen wird. ◄

Wird das Grundprinzip des Beispieles auf alle Zahlungsaktivitäten angewendet, lässt sich so ein hinreichendes Bild im Sinne des CO_2 Ausstoßes auf individueller Kundenebene erstellen. Daraus ergeben sich zahlreiche Möglichkeiten für die jeweilige Bank oder den Finanzdienstleister. Exemplarisch könnte einem beliebigen Kunden im Rahmen einer „Dashboard" Darstellung sein CO_2 Ausstoß angezeigt werden. Im Zuge dessen ergeben sich ebenfalls weitere „Cross-Selling" Ansätze, wie die Platzierung von Kompensationsmöglichkeiten oder Anlageprodukte im Rahmen der Dashboard Darstellung.

Das Fallbeispiel zeigt damit, dass eine Kategorisierung der Kunden auf Basis der Aktivitäten prinzipiell möglich ist. Weiter ist darauf hinzuweisen, dass die Autoren dieses Buches davon ausgehen, entsprechende Vorgaben durch die Gesetzgebung in der Zukunft zu sehen. Somit müssen Banken in naher Zukunft ihre Kunden kategorisieren, um entsprechende Ableitungen in verschiedenen Bereichen des Bankgeschäftes zu tätigen. Für die Kategorisierung wird jedoch ein entsprechendes Referenzmodell benötigt. Im Grunde genommen gibt es im Kontext von Sustainable Finance viele Fragen, die auf Basis der Kundenebene beantwortet werden müssen. Für die geeignete Beantwortung der Fragen und eine entsprechende Quantifizierung bedarf es Daten. Verallgemeinert lassen sich die auf Daten basierenden Services und Dienstleistungen als Datenprodukte (engl. Data Products) bezeichnen. Data Products sind das Ergebnis eines Data Science Prozesses. Hierbei handelt es sich um Produkte die ihren Wert aus Daten ziehen (vgl. Braschler et al., 2019, S. 27). Daraus ergibt sich, dass Data Products die konsequente Anwendung des Daten Science Prozene ist, um einem beliebigen Nutzer einen Mehrwert zu bieten (vgl. Jürg Meierhofer und Cieliebak, 2019, S. 48). Daher sind Data Products das Ergebnis der daten-getriebenen Wertschönpfungskette.

Die Abb. 6.1 zeigt die Einordnung von Datenprodukten entlang der Daten Wertschöftungskette.

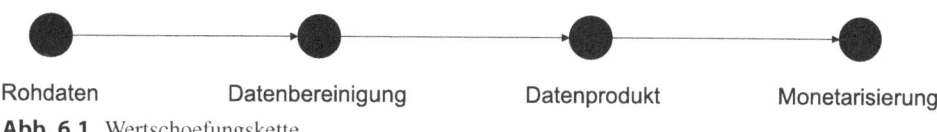

Rohdaten   Datenbereinigung   Datenprodukt   Monetarisierung

Abb. 6.1 Wertschoefungskette

Ausgangsbasis für diese Form von Produkten sind Rohdaten. Rohdaten können als erste Form von Daten, in der Regel in unstrukturierter und unvollständiger Form, aufgefasst werden. Rohdaten können passiv oder aktiv gesammelt werden. Passiv wäre beispielsweise die Datenspeicherung sämtlicher Daten im Vorfeld ohne einen direkten Verwendungszweck. Aktiv kann die Datensammlung betrieben werden, wenn bereits der Verwendungszweck der Daten definiert ist. Rohdaten müssen im Rahmen der Wertschöpfungskette in der Regel durch Vorverarbeitungsmaßnahmen um fehlerhafte und fehlende Werte bereinigt werden. Zudem ist es ratsam, die Rohdaten für den Anwendungsfall zu strukturieren. Diese Strukturierung ist vereinfacht gesprochen, die Überführung der Rohdaten in eine geeignete Datenbank bzw. Tabellen-Struktur, in den man über Zeilen und Spaltenoperationen mit den Daten verfügen kann. Strukturierte Daten lassen sich anschließend in Datenprodukte überführen, welche sich dann monetarisieren lassen. Das folgende Abschn. 6.2 zeigt mögliche Datenprodukte.

6.2 Systematisierung der Datendienstleistungen

Auf Basis der vorangegangen Überlegungen zeigt das Klassifikationsschema in Abb. 6.2[1] mögliche Kategorien von Anbietern im Kontext des Sustainable Finance. Die Grundlage bietet hierbei eine Klassifikation der möglichen Datenprodukten.

Datenanbieter wie beispielsweise die hier aufgeführten Ratingagenturen für Nachhaltigkeit sammeln Rohdaten und bereiten diese ggf. entsprechend in einer strukturierten Form auf und verkaufen diese Daten in Form von beispielsweise Ratings im Kontext der Nachhaltigkeit für verschiedene Firmen weiter. Banken und Finanzdienstleister benötigen diese Daten, um exemplarisch aus diesen Daten die Zusammensetzung von nachhaltigen Fonds zu ermöglichen.

Die nächste Kategorie von möglichen Datenprodukten sind Algorithmen. Im Kern steht hierbei die Bereitstellungen von Programmcode im Allgemeinen zur Auswertung der Daten. Im Speziellen können die Programmcodes dann einfache statische Auswertungsmodelle sein bis hin zu modernen Implementierungen im Bereich der künstlichen Intelligenz.

---

[1] Transparentzhinweis: Die hier vorgestellten Anbietern wurden als Musterbeispiele ausgewählt. Die Autoren haben zu diesen Anbieter keinerlei Geschäftsbeziehung oder sind als Investoren zum Zeitpunkt der Erstellung des Buches beteiligt.

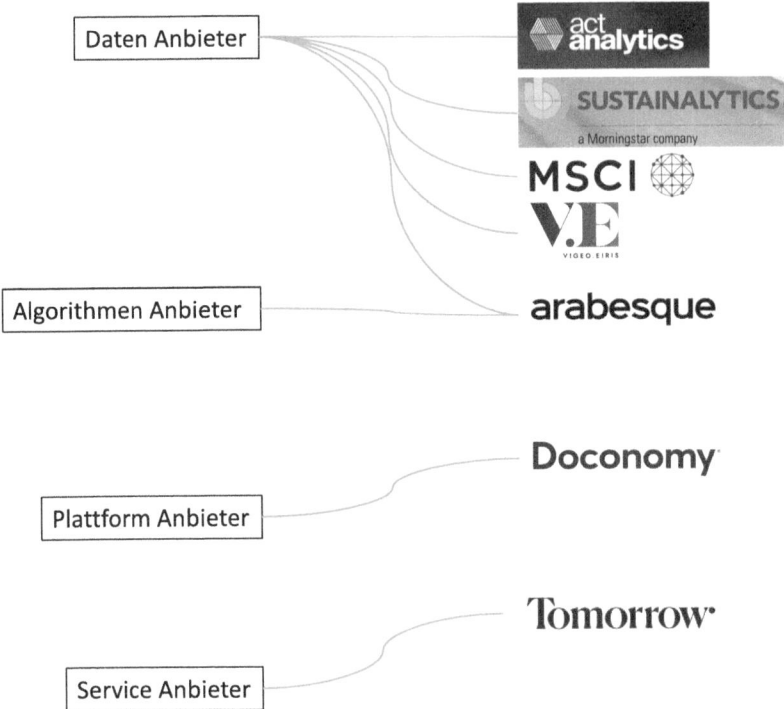

Abb. 6.2 Taxonomie von möglichen data driven Sustainable Fianze Produkten

Auf der Grundlage der Algorithmen und Daten ergibt sich die Konzeption von Dienstleistungen. In Bezug auf unser Fallbeispiel (Abschn. 6.1) ist es vermutlich für kleinere Bank aufwendig, ein solches Projekt zu realisieren. Daher ergibt es unter Umständen Sinn, die Analyse der Daten durch Anbieter wie zum Beispiel „Doconomy®" vornehmen zu lassen. Hierbei wird eine Plattform zur Verfügung gestellt, die Banken und Finanzdienstleister verwenden können, um die Transaktionsdaten analysieren zu lassen. Am Ende steht dann für eine Transaktion ein CO_2 Wert zur Verfügung.

Auf dem Plattform-Gedanken baut die Bereitstellung von Service rund um Daten und ein spezielles Thema auf. Im Kontext des Sustainable Finance kann dies beispielsweise ein Service Anbieter sein, der auf Basis von Daten alle Bankdienstleistungen um diese Thematik anbietet. Im deutschsprachigen Raum ist der Service Anbieter „Tomorrow" bekannt geworden. Heute bietet dieser Anbieter im Rahmen einer Bankstruktur zahlreiche Bank- und Finanzdienstleistungen im Sinne der Nachhaltigkeit an.

An dieser Stelle muss jedoch erwähnt werden, dass eine Abgrenzung der verschiedenen Dienstleister und Geschäftsmodelle entlang möglicher Ausprägungen der Datenprodukte nicht immer trennscharf möglich ist. In der Regel können die skizzierten Grenzen fließend im Rahmen der Services und Dienstleistungen verlaufen. Vor diesem Hintergrund dienen die hier vorgestellten Konzepte als Orientierungsgrundlage und damit als mögliche Systematisierung. Allerdings ist diese Darstellung nicht abschließend.

6.3   Integration der Datenwertschöpfungskette

Auf Basis der vorangegangen Kapitel stellt sich für den Betrachter nun die Frage, wie sich das Konzept der Datenwertschöpfungskette in den Bankenprozess integrieren lässt und welche Strukturierungen sich damit für die unterschiedlichen Bereiche ergeben. Diese Kapitel will damit versuchen, die gezeigten Konzepte hinsichtlich der Datenwertschöpfungskette und Datenprodukte im Kontext der Bankenprozesse zu wagen. Als Ausgangspunkt der Überlegungen soll zunächst die Abb. 6.3 als Illustrationshilfe dienen.

Abb. 6.3 subsumiert zunächst einige entstehenden Aufgaben einer Bank, die aus dem Geschäftsmodell entlang der Kundenperspektive resultieren.

Der erste Schritt im Rahmen einer Kundenbeziehung aus der Perspektive einer Bank ist vermutlich der sogenannte engl. Know Your Customer (KYC) oder „Kenne deinen Kunden" Prozess. Motiviert ist dieser Prozess zunächst durch die Regulierung mit dem Ziel, die Legitimation des potenziellen Kunden zu überprüfen und entsprechend zur Verhinderung von Geldwäschevermeidung beizutragen (vgl. Ostern und Riedel, 2020, S. 1). Vor diesem Hintergrund wird der KYC Ansatz als Prozess bezeichnet, weil er nicht nur zu Beginn einer Geschäftsbeziehung stattfindet, sondern über die gesamte Geschäftsbeziehung hinweg. Konkret bedeutet dies, dass jede Transaktion in Deutschland über 10.000,00 Euro gem. des Geldwäschegesetzes überprüft wird.

Der KYC Prozess kann neben den oben angeführten Faktoren im Sinne des Regulators um weitere Indikatoren erweitertet werden. Dies ermöglicht es der Bank, eine erste Systematisierungsgrundlage der Kunden anhand einer Risiko Matrix (ggf. mit entsprechenden Erweiterungen) zu erstellen. Die Erweiterung des KYC Prozess, über die Faktoren des Regulators hinaus, ist in der Praxis durchaus üblich. Der KYC Prozess ist damit ein idealer Einstiegspunkt für einen data driven Sustainable Finance Ansatz. Im Zuge dessen scheint es sinnig, entsprechende Nachhaltigkeitsfaktoren über den KYC Prozess und über die Bankenbeziehung hinweg zu erfassen. Hierzu ist es vorstellbar, den Kunden im Rahmen des Abschlusses eines Investmentportfolios nach entsprechenden Anlagenfaktoren zu fragen und die entsprechenden Portfolio-Bestände mitzuerfassen. Analog dazu können, wie im obigen Beispiel beschreiben, die Girokonten erfasst werden.

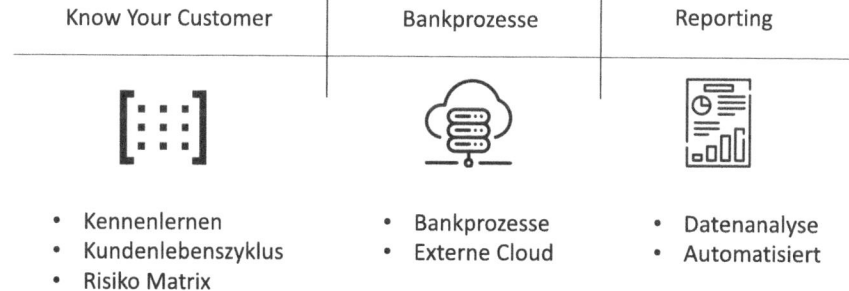

Abb. 6.3 Integration der Datenwertschöpfungskette

Als nächste Kategorie für die Datenschöpfung kann die Ebene der Bankenprozesse gesehen werden. Verschiedene Faktoren führen dazu, dass die Banken ein Interesse entwickeln, ihre Bankenprozesse in der Cloud auszulagern. Ein bemerkenswerter Aspekt ist, dass durch die Auslagerung der Prozesse die CO_2 Bilanzierung für die Hardware ebenfalls an den Cloud Anbieter abgeben wird. In der Regel werden die Rechenzentren von Cloud Anbieter sehr effizient betrieben, sodass es Sinn ergeben kann, die Hardware und ihren Betrieb an entsprechende Betreiber abzugeben (siehe hierzu in Abschn. 4.2 über Cloud Computing).

Entsprechend der angesprochenen Gesetzgebungen kann davon ausgegangen werden, dass die Reporting Auflagen für Banken und Finanzdienstleister als Organisation umfassender sein werden müssen, weil Faktoren wie die Nachhaltigkeitskategorie dazu kommt. Ebenso ist davon auszugehen, dass in einzelnen Produktkategorien ein umfangreiches Reporting für Kunden und Mitarbeiter beinhaltet werden sollte. An dieser Stelle sei hier exemplarisch auf die Kundenportfolio hingewiesen. Die Autoren treffen an dieser Stelle aufgrund ihrer eigenen Erfahrungen die Annahme, dass Kunden speziell in diesem Bereich nach umfangreichen Auskünften im Sinne der Nachhaltigkeit verlangen werden. Dies erfordert also ein erhebliches Maß an Aufwand, den zusätzlichen Anforderungen auf allen Ebenen der Interessensgruppen gerecht zu werden. Daher ergibt es Sinn, Sustainable Finance als Daten getriebenes Unterfangen zu begreifen, umso den technologischen Grundstein zu legen, die Herausforderungen bestmöglich zu adressieren. Dieser Daten getriebene Gedanke ermöglicht es darüber hinaus, einen automatisierten Ansatz zu verfolgen.

Abschließend bleibt die Frage ob Sustainable Finance nur einen weiteren Trend in der Bankenwelt darstellt oder ob es sich hierbei, analog zur Datenrevolution in der IT-Branche, um einen ersten Dominostein zur fundamentalen Änderungskette der Volkswirtschaften handelt? Dies lässt sich heute natürlich nur schwer einschätzen. Aber durch die Analyse der politischen und unternehmerischen Aktivitäten sind die Indikatoren für den nachhaltigen Wandel positiv. Zudem sind die Autoren dieses Werkes davon überzeugt, dass Technologie in Kombinationen mit den richtigen Daten der Schlüssel zum Erfolg ist. Damit ist die moderne Technologie nicht ein Teil des Problems, sondern ein Teil der Lösung, im Sinne der Redewendung „Tech for Good". Die anschließenden Praxiskapitel zeigen die Relevanz des Sustainable Finance und die bisherigen Herausforderungen sowie Lösungsansätze der Praktiker.

Literatur

Braschler, M., Stadelmann, T., and Stockinger, K. (2019). *Applied Data Science: Lessons Learned for the Data-Driven Business.* Springer Nature, Switzerland.

Jürg Meierhofer, T. S. and Cieliebak, M. (2019). *Data Products.* Springer Nature, Switzerland.

Ostern, N. K. and Riedel, J. (2020). Know-your-customer (kyc) requirements for initial coin offerings know-your-customer (kyc) requirements for initial coin offerings. *Business & Information Systems Engineering*, 21(9):1–17.

Teil II

Sichtweisen, Perspektiven und Anregungen

Tomorrow: Sustainable Finance als Geschäftsmodell

Benjamin M. Abdel-Karim und Christian Rebernik

Die Kap. 2 und 5 haben die fachlichen und technischen Grundlagen für das Sustainable Finance gelegt. Allerdings stellt sich die Frage, wie eine konsequente Umsetzung dieser Elemente in der Praxis aussehen kann. Die Skizzierung einer konsequenten Umsetzung ist die Zielsetzung dieses Kapitels. Im Zentrum steht hierbei die Darstellung von Tomorrow. Hierbei handelt es sich um ein FinTech Unternehmen, welches Sustainable Finance für sich als Geschäftsmodell definiert hat, umso Privatkunden den Zugang zum nachhaltigen Banking zu ermöglichen. Damit nutzt die Bank als Geschäftsmodell den Kerngedanken der Gesetzgeber „Geld als Teil der Lösung" zu sehen (Abschn. 3.1).

7.1 Geschichtlicher Hintergrund

Das übergeordnete Geschäftsmodell von Tomorrow besteht darin, die Kundeneinlagen ausschließlich in nachhaltige Projekte zu investieren. Mit dieser Kernidee ist das Start-up, in Kooperation mit der Solarisbank als Banklizenzgeber, im Jahr 2018 gegründet worden. Im Zentrum steht die Idee, Kapital als Instrument zu sehen, um im Sinne der Nachhaltigkeit, den Wandel mit technologischer Unterstützung zu fördern. Vor diesem Hintergrund ist die Bank ein sogenanntes FinTech. Das Wort FinTech beschreibt hierbei die Symbiose aus Finanzen und Technologie (vgl. Goldstein et al., 2019, S. 1647).

B. M. Abdel-Karim (✉)
Frankfurt am Main, Deutschland
E-Mail: BenjaminM.Abdel-Karim@gmx.de

C. Rebernik
Tomorrows Education, Berlin, Deutschland
E-Mail: cr@tomorrowseducation.com

© Der/die Autor(en), exklusiv lizenziert an Springer Fachmedien Wiesbaden GmbH, ein Teil von Springer Nature 2022
B. M. Abdel-Karim, F. X. Kollmer (Hrsg.), *Sustainable Finance*,
https://doi.org/10.1007/978-3-658-36389-5_7

7.2   Strategische Perspektive

Das übergeordnete Geschäftsmodell von Tomorrow besteht darin, die Kundeneinlagen und vereinnahmten Gebühren ausschließlich in nachhaltige Projekte zu investieren. Im Kontext der Gebühren werden 1/3 zur Kostendeckung verwendet und 2/3 werden in nachhaltige Projekte investiert. Übertragen auf das aktuelle Geschäftsmodell vereinnahmt die Bank bei jeder Transaktion 0,02 % an Transaktionsgebühren. Von diesen 0,02 % werden 2/3 entsprechend für nachhaltige Projekte investiert. Nach eigenen Angaben führt jeder Euro der transferiert wird zu einem Regenwald Äquivalent von einem Quadratmeter, der geschätzt werden kann.

Die Abgrenzung zu klassischen Banken- und Finanzdienstleister basiert auf zwei zentralen Faktoren. Der erste Faktor ist die Wahl des Geschäftsmodells, welches die Nachhaltigkeit in den Fokus des Geschäftsgebaren stellt. Der zweite Faktor ist, dass Tomorrow einen „mobile First" Ansatz gewählt hat. Damit haben die Kunden ausschließlich über das Internet Zugang zu den Dienstleistungen. In diesem speziellen Fall wird der mobile First Ansatz verschärft, indem der Zugang ausschließlich über eine spezifische Smartphone Applikation möglich ist. Während im Jahr 2010 die Relevanz des online Bankings aus der strategischen Perspektive noch als irrelevant eingestuft worden war, ist zwölf Jahr später deutlich, dass es ohne online Banking sehr herausfordernd ist auf dem Bankenmarkt als Bank und Finanzmarktdienstleister bestehen zu können. Dies zeigt die Studie Hernández-Murillo et al. (2010). Der Ansatz von Tomorrow ist die logische Konsequenz den online Zugang auf die nächste Stufe, durch den online Frist Ansatz, zu heben. Die Abb. 7.1 zeigt die drei Kerngeschäftsfelder mit der Applikation als Einstiegspunkt.

Vor diesem Hintergrund setzt Tomorrow konsequent auf modernste Technologien, analog zur Beschreibung in Kap. 5, umso eine datengetriebene Wertschöpfungskette zu ermöglichen (Kap. 6). Die Bereitstellung des CO_2 Fußabdrucks eines jeden Kunden auf Basis der getätigten Umsätze kann hier als Beispiel genannt werden. Hierbei arbeitet die

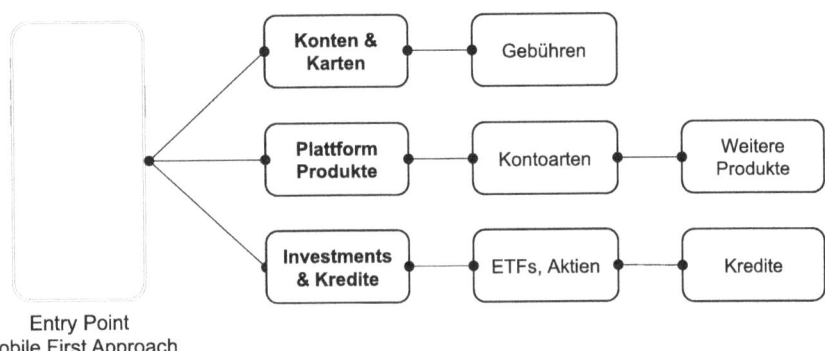

Abb. 7.1 Das Geschäftsmodell von Tomorrow

Bank mit dem Dienstleister ecolytiq[1] zusammen. Ecolytiq ist ein Berliner Startup, was als Datenanbieter Daten für Banken und Finanzdienstleister bereitstellt. Damit setzt die Bank, das theoretisch beschriebene Modell aus Kap. 6 direkt um. Dabei nutzt ecolytiq die von VISA bereitgestellten Händlercodes, um daraus approximativ die Art des Händlers zu bestimmen. Dabei werden Durchschnittswerte für den CO_2 Ausstoß herangezogen. Zweifellos ist dieser Ansatz nicht präzise, zeigt aber die Richtung, um aus Daten einen Mehrwert für die Nutzer- und Kundengruppe bereitzustellen.

7.3   Operative Umsetzung der Nachhaltigkeit als Geschäftsmodell

Ausgehend von dem übergeordneten Ziel, Kapital als Teil der Lösung zu einer nachhaltigen Welt zu sehen, ist ehrenhaft. Aber es stellt sich die Frage, wie sich das beschriebene Geschäftsmodell operativ umsetzen lässt. Hierbei ist eine zentrale Herausforderung „nachhaltige Produkte" zu identifizieren und in das Anlage-Universum der Bank mit aufzunehmen. Allerdings ist die Selektion von nachhaltige Produkten kein triviales Unterfangen, was sich aus den fehlenden Standards und Regulierungen ergibt (siehe hierzu auch Kap. 4). Zur Adressierung dieser Herausforderung hat sich Tomorrow dazu entschlossen, ein Expertengremium einzusetzen, welches die primäre Aufgabe, besitzt entsprechende Produkte und Leistungen im Sinne der Nachhaltigkeit zu überprüfen. Dieses Gremium bezeichnet Tomorrow als „Impact Council" und soll damit als unabhängiges Kontrollorgan fungieren. Durch den Einsatz dieser Kontrollebene werden Produkte und Dienstleistungen, nach eigenen Angaben der Bank, regelmäßig kontrolliert. Daher verwendet die Bank eine eigene Definition von Nachhaltigkeit in Verbindung mit einer regelmäßigen Überprüfung.

Für die Auswahl der Investmentprodukte wird ein System aus fünf Stufen eingesetzt. Im ersten Schritt muss eine Investmentmöglichkeit zunächst den Sustainable Development Goals der vereinten Nationen entsprechen. Hierbei werden diese fünf Kategorien herangezogen:

- Schutz natürlicher Ressourcen
- Gewährleistung von Grundbedürfnissen
- Klimaschutz
- Fairness
- Empowerment benachteiligter Gruppen

Sofern ein Produkt diese grundlegenden Kriterien erfüllt und einen entsprechenden Beitrag leistet, erfolgt die nächste Stufe der Analyse.

Im zweiten Schritt wird ein entsprechendes potenzielles Investmentprodukt auf die Erfüllung der ESG-Kriterien überprüft. Hierbei steht die Analyse der ökologischen,

---

[1] Die Webseite des Datenanbieters: https://ecolytiq.com. Zugegriffen am 07.03.2022.

Tab. 7.1 Stufensystem für die Aufnahme einer Anlageoption in das Anlageuniversum

Stufe	Kontext
Schritt 1	Überprüfung auf Sustainable Development Goals
Schritt 2	Überprüfung auf ESG- und Blacklist Kriterien
Schritt 3	Zusätzliche Überprüfung auf Positivkriterien
Schritt 4	Abschlussüberprüfung durch das Impact Council
Schritt 5	Abschließende Bereitstellung der Investmentoption

sozialen und ethischen Eigenschaften im Fokus. Das bedeutet konkret, wie sieht die Gehaltsstruktur im Sinne einer gerechten Vergütung aus? Oder wie ist das Ergebnis der Klimabilanz zu bewerten? Wie ist die Diversität? Erfüllt das Projekt diese Bedingungen und steht nicht auf der sogenannten „Blacklist"? Erst danach wird es für die nächste Analyserunde zugelassen. Die „Blacklist" ist eine interne Liste mit Ausschlusskriterien, wie beispielsweise Massentierhaltung, Rüstungsaktivitäten und fossilen Energieträgern.

In Schritt drei wird das entsprechende Projekt zusätzlich dahingehend überprüft, ob es einen Mehrwert für die Gesellschaft stiftet. Diese Positivkriterien sind beispielsweise, die Schaffung von Zugängen zu sauberem Trinkwasser, die Schaffung von Sanitäranlagen oder ähnlichem. Erfüllt ein Projekt diese zusätzlichen Anforderungen, gelangt es zur vierten Analysestufe.

Im vierten Analyseschritt übernimmt das oben angeführte Gremium (Impact Council) eine zusätzliche Beurteilung des Projektes. Fällt die Entscheidung des Impact Council positiv aus, wird das Projekt als Investmentmöglichkeit klassifiziert.

In Schritt fünf erfolgt dann die abschließende Einbeziehung der Geschäftspartner, um das Projekt in das Anlageuniversum aufzunehemen. Die Tab. 7.1 fasst die essentiellen Schritte zusammen.

7.4   Investitionsprodukte

Ausgehend von dem beschriebenen Auswahlprozess der Anlagemöglichkeiten aus Abschn. 7.3 zeigt sich, dass zum Zeitpunkt der Erstellung Buches, die Auswahl an Investmentprodukten überschaubar ist, da nur eine geringe Anzahl an Produkten die Kriterien erfüllen. Bisher nutzt die Bank Anleihen von anderen Finanzintermediären. Nach einigen Aussagen würde die Bank gerne direkt in Firmen investieren, aber dies wird durch die Schwierigkeit entsprechender Gespräche durch die Daten erschwert. Aktuell liegen die Schwerpunkte der Anlageoptionen auf den Bereichen „Green Bonds", „Social Housing Bond" und „Mikrokredit Fonds".

Green Bonds im Kontext von Tomorrow sind festverzinsliche Wertpapiere, mit Umweltthemen und Fokus auf energieeffizente Gebäudesanierungen. Hierbei sollen erneuerbaren Energie und Infrastruktur gefördert werden, um den CO_2-Ausstoß zu reduzieren. Social Housing Bondsfördern das soziale Wohnen indem soziale Wohnungsbauprojekte von Genossenschaften als Investitionsgrundlage dienen. Die Immobilienprojekte sind dabei spezielle für einkommensschwache Haushalte ausgelegt, um diese Personengruppen entsprechend zu fördern. Ziel ist, dass sie ebenfalls in die Lage versetzt werden ein Teil zur Gesellschaft beizutragen. Mikrokredite als Form von Kleinkrediten werden über einen weiteren Intermediär von Tomorrow dazu genutzt, Menschen im Bereich der Existenzgründung zu fördern. Darüber hinaus beteiligt sich Tomorrow an Klimaschutzprojekten. Die Beteiligung dieser Projekte erfolgt durch weitere Partnerschaften. Im Fokus steht hierbei der Kauf von CO_2-Zertifikaten, sowie spezifische Projektaktivitäten, wie beispielsweise der Schutz von Regenwäldern oder die Bereitstellung von sauberem Trinkwasser.

7.5   Interne Maßnahme zur Reduktion von Emissionen

Entsprechend der eigenen Glaubwürdigkeit versucht die Bank nicht nur ihren Nachhaltigkeitsgedanken als Produkt zu vermarkten, sondern entsprechend selbst nachhaltig zu agieren. zu diesem Zweck hat die Bank zunächst ein Kategoriensystem gebildet, um die Emissionsquellen zu identifizieren und entsprechende Handlungen daraus abzuleiten. Hierbei lassen sich die Emissionsquellen in drei zentrale Bereiche zusammenfassen. (1) Wärmenutzung: Dieser Bereich umfasst die benötigte Wärme, um Betriebsgebäude zu heizen. (2) Energie: Dieser Bereich fokussiert sich auf die benötigte Energie für die betriebene Hardware, Licht und ähnlichem. (3) Infrastruktur: Dieser Bereich umfasst Aspekte wie Mobilität, externe Rechenzentren und andere Aspekte des Geschäftsbetriebes. Hinter diesen drei Oberkategorien befindet sich eine detaillierte Systematisierung aller erdenklichen direkten und indirekten CO_2 Quellen. Die Bestimmung der Daten erfolgt mit Hilfe zu CO_2-Äquivalenten, um die unterschiedlichen Quellen entsprechend quantifizieren zu können. Die bilanzielle Ausweisung erfolgt anschließend in Kilogramm (Kg) CO_2.

Ein detaillierterer Bericht in den Nachhaltigkeitsreport aus dem Geschäftsjahr 2020[2] von Tomorrow ergibt ein interessantes Bild. Zunächst ist festzuhalten, dass der Ausstoß für Strom, Null CO_2 Kg beträgt. Dies gelingt der Bank, indem sie ausschließlich auf Ökostrom setzt. Zudem konnte die Bank den CO_2 Ausstoß in Kg deutlich reduzieren, indem sie das externe Rechenzentrum an einen Anbieter ausgelagert hat, der entsprechend nachhaltig seine Rechenzentren unterhält (siehe hierzu auch Abschn. 5.2). Diese beiden Beispiele zeigen, mit welchen simplen Maßnahmen der CO_2 Ausstoß deutlich reduziert werden kann.

Allerdings zeigt der tiefere Blick in den Nachhaltigkeitsreport auch die Problematik der Erfassung der einzelnen Bereiche. Tomorrow versucht hier ein sehr feingranularen Ansatz, indem beispielsweise auch Miet- und Privatfahrzeuge der Mitarbeiter erfasst werden, sowie alle anderen Anfahrten der Mitarbeiter, beispielsweise durch öffentliche

---

[2] https://www.tomorrow.one/de-DE/impact/nachhaltigkeitsbericht-2020/. Zugegriffen am 05.09. 2021.

Verkehrsmittel. Die Problematik für eine übergreifende Analyse besteht darin, dass der Detailgrad bisher nicht gesetzlich geregelt ist. Daher bleibt im Kern die Frage offen, wo die Bilanzierung stattfindet. Das Beispiel der Kategorie „Anfahrt der Mitarbeiter*innen" illustriert den Umstand. Tomorrow wählt hier den Ansatz, davon auszugehen, dass die Anfahrt dem Geschäft der Bank dient und damit der Bank anzurechnen ist. Allerdings könnte die Bank ebenso die Annahme treffen, dass die Mitarbeiter für den CO_2 Ausstoß selbstverantwortlich sind. Vor diesem Hintergrund wird deutlich, wie schwer die Abgrenzung der CO_2 Emission sein kann. Damit ist es zwingend erforderlich, diese Betrachtung einheitlich zu regeln und dem Markt klare Anleitungen an die Hand zu geben. Die Alternative hierzu wäre ein liberaler Ansatz, welches den einzelnen Akteuren Entscheidungsfreiheiten lässt. Dies geht jedoch zu lasten der Vergleichbarkeit. Bis allerdings klare und verständliche Regelungen getroffen sind, ergibt es Sinn dem Beispiel von Tomorrow zu folgen und die CO_2 Bilanzierung großzügig und transparent zu realisieren, anstatt durch, geschickte Bilanzierung und Zuweisung zu anderen Akteuren, die eigene Bilanz zu „schönen". Ausgehend von diesem Sachverhalt appellieren die Autoren den Bilanzierungsansatz von Tomorrow für den eigenen Nachhaltigkeitsbericht als Vorlage zu verwenden. Die Tab. 7.2 zeigt mögliche Kategorisierungen für einen fairen und transparenten Nachhaltigkeitsbericht auf.

Zweifellos ist die Ermittlung der Daten nicht trivial, zumal zahlreiche Dienstleister die CO_2 Werte „noch" nicht in ihren Produkten ausweisen. Allerdings kann dies keine Ausrede, sein entsprechende Bilanzierungen zu vernachlässigen. Eine hinreichende Alternative ist die Nutzung von Richtwerten, welche sich mit Hilfe zahlreicher Rechner[3] im Internet ermitteln lassen. In Kombination mit dem vorgestellten Mircoservice Ansatz aus Abschn. 5.2 lassen sich die Richtwerte im Quellcode der Mircoservices hinterlegen und so automatisiert erfassen. Das bedeutet, dass eine händische Erfassung nicht erforderlich ist und die Fehlerquellen damit deutlich reduziert werden. So lässt sich jeder Bereich der betrieblichen Aktivität im Sinne der CO_2 Quantifizierung beobachten und entsprechend bilanzieren.

Nach dem sogenannten „Greenhouse Gas Protocol"[4] lassen sich die Arten der Treibhausgas Emissionen in CO_2 Äquivalenten in drei zentrale Kategorien unterteilen. Analog zur Einteilung von Tomorrow, was zur Erkenntnis führt, dass Tomorrow diese Systematik als Grundlage für ihren eigenen Nachhaltigkeitsbericht nutzt. Diese Emissions-Kategorien werden auch als engl. Scopes bezeichnet. Die Scope Kategorien skalieren auf einem Stufensystem von 1 bis 3. Dabei orientieren sich die Stufen an der Produktwertschöpfungskette. Hierbei bezieht sich Scope 1 auf die direkten Emissionen im Zuge der eigenen Wertschöpfungskette. Scope 2 bezieht sich auf die indirekte Generierung von Emissionen

---

[3] Exemplarisch sei hier der Rechner des Wissensformats Quarks genannt https://www.quarks.de/umwelt/klimawandel/co2-rechner-fuer-auto-flugzeug-und-co/. Zugegriffen am 30.09.2021.

[4] Das Greenhouse Gas Protocol ist ein Vorschlag zur Bilanzierung von Treibhausgas Emissionen. Die Webseite ist zu finden unter https://ghgprotocol.org. Zugegriffen am 07.03.2022.

Tab. 7.2 Kategorisierung der Emissionsquellen für den Nachhaltigkeitsbericht

Emissionsquelle	Beschreibung für die Bilanz als CO_2 in KG
Wärme	Benötige Wärme für alle Betriebsgebäude und Anlagen
Strom	Der benötige Strom für alle Betriebsgebäude und Anlagen
Infrastruktur:	
Flüge	Der verursachte Ausstoß an CO_2 durch betriebliche Flüge.
Externes Rechenzentrum	Erzeugter Ausstoß an CO_2 durch den Betrieb der Systeme in einem fremden Rechenzentrum. Einige Anbieter ermöglichen die Ausweisung der Bilanz auf Anfrage. Alternativ lässt sich ein approximierter Wert über die CPU Zeit mit den Stromkosten über den Tarif ermitteln.
Miet- und Privatfahrzeuge	Angabe des CO_2 Ausstoßes für betriebsbezogene Fahrten von Miet- und Privatfahrtzeugen.
Bahnfahrten	Ausweisung des generierten CO_2 Ausstoßes durch Bahnfahrten.
Wasser	Erzeugter CO_2 Ausstoß durch die Nutzung von Wasser und Abwasser, sowie dessen Erwärmung.
Druckerzeugnisse	Ein Bereich der die CO_2 Generierung durch das Ausdrucken von Dokumenten beschreibt.
Entsorgung	Ein Bereich der sicherlich nicht unmittelbar präsent ist, ist die CO_2 Entstehung durch den Entsorgungsprozess. Dieser kann jedoch entsprechend erfasst werden. Ein Beispiel sind die Abfälle in den Büros.
Homeoffice	Ein Bereich der nicht zuletzt durch die letzte Pandemie stark zugenommen hat, ist das Homeoffice. Hier besteht die Kunst der Erfassung darin, die durch die Mitarbeiter erzeugten CO_2 Emissionen im eigenen Haushalt festzuhalten.

Tab. 7.3 Kategorisierung der CO_2 Emissionen in drei Ebenen

Scope	Beschreibung
Scope 1	Direkte Emissionen aus Verbrennungsprozessen
Scope 2	Gekaufter Strom, Wärme und andere Energieträger
Scope 3	Abfallentsorgung, gekaufte Waren und Dienstleistungen, Geschäftsreisen, Investitionen, Leasingobjekte und Pendler, Transport und Lieferung (Up- und Downstream), Verwendung verkaufter Produkte

durch den Einkauf entsprechender Energieträger wie Strom und Gas. Scope 3 bezieht sich auf die restlichen Emissionen an Treibhausgasen im Rahmen der Wertschöpfungskette. Die Tab. 7.3 zeigt die Emissionen entlang der Scope Kategorisierung.

Die Ausweisung der eigenen CO_2 Emissionen ist ein erster relevanter Schritt. Allerdings können insbesondere Banken und Finanzdienstleister noch mehr unternehmen. Sie können beispielsweise selbst in nachhaltige Produkte investieren und so den eigenen CO_2 Ausstoß teilweise oder sogar vollständige kompensieren. Dieser Gedanken ist damit ein zusätzlicher Beitrag zur Nachhaltigkeit, indem nicht nur Kundeneinlagen an nachhaltige Projekte weitergegeben werden (siehe hierzu Abschn. 3.1). So investieren auch Banken selbst einen Teil ihres Umsatzes in nachhaltige Projekte und Firmen, um ihre eigene CO_2 Bilanz zu optimieren und so als Vorreiter zu agieren. Vor diesem Hintergrund könnten Banken ihr „negatives" Image aufbrechen und zu einem relevanten „positiven Treiber" der Nachhaltigkeit werden.

Tomorrow ist deshalb ein vortreffliches Beispiel, weil die Bank in der Lage ist, zu zeigen, dass dieser Wandel durch den Einsatz innovativer Gedanken und moderner Technologie in Verbindung mit den Daten erfolgreich möglich ist.

Literatur

Goldstein, I., Jiang, W., and Karolyi, G. A. (2019). To fintech and beyond. *The Review of Financial Studies*, 32(5):1647–1661.

Hernández-Murillo, R., Llobert, G., and Fuentes, R. (2010). Strategic online banking adoption. *Journal of Banking & Finance*, 34(1):1650–1663.

IveOne: ESG-Scoring für die Blockchain – Warum Kryptowerte ein Gewinn für Sustainable Finance sind

Evgeny Matershev

Die Blockchain wird gemeinhin als Klimasünder dargestellt und kategorisch ausgeschlossen, wenn es um Nachhaltigkeit und die Vereinbarkeit mit einer ESG-konformen Vermögensanlagestrategie geht. Dabei werden jedoch nicht nur die Faktoren Social und Governance zur Gänze missachtet, sondern auch die Unterscheidung zwischen kryptobasierten Vermögenswerten und der Blockchain als zugrundeliegende Infrastruktur. Um eine fundierte Antwort auf die Frage zu liefern, wie Kryptowerte in Sachen Nachhaltigkeit im Vergleich zu traditionellen Anlageklassen abschneiden, haben mein Team und ich bei iVE.ONE deshalb ein ESG-Scoring-Modell und -Tool für blockchain-basierte Assets entwickelt. Unsere Nachforschungen und Berechnungen legen nahe, dass Kryptowerte traditionellen Assets in Bezug auf die ESG-Bewertbarkeit und -Kompatibilität in nichts nachstehen, wenn nicht sogar besser geeignet sind.

In den vorangegangenen Kapiteln dieses Werks, wurde bereits beschrieben was ESG im eigentlichen Sinne ist und wie man eine ESG-Bewertung von klassischen Wertpapieren vornehmen kann. In diesem Kapitel soll es darum gehen, wie man ESG Kriterien zum einen auf die Blockchain und zum anderen auf eine neue Assetklasse, die sogenannten Digital Assets bzw. kryptobasierten Vermögenswerte, anwenden kann.

8.1 Einleitung

Einer der bekanntesten und zugleich umstrittensten Repräsentanten von Kryptowerten ist der Bitcoin. Doch Bitcoin ist nur eine von unzähligen Anwendungsmöglichkeiten einer

E. Matershev (✉)
iVE.ONEFrankfurt am Main, Deutschland
E-Mail: evgeny@ive.one

Technologie, die das Potenzial hat, klassische Werte wie Aktien, Anleihen und Währungen sowie Verträge und Prozesse zu ersetzen oder zumindest die Art der Emission von solchen Werten zu revolutionieren. Gestatten Sie mir deshalb, einige der größten Kritikpunkte gegenüber der Blockchain und Blockchain-basierten Assets aufzugreifen, bevor ich auf die konkreten Anwendungsfelder der Blockchain eingehe und einen Bezug zu ESG herstelle.

Einer der Hauptkritikpunkte an Bitcoin ist der horrende Stromverbrauch des zugrundeliegenden Netzwerks und der damit verbundene Kohlenstoffausstoß. So verbraucht Bitcoin heute 1,32 Mal so viel Energie wie die Niederlande und hat höhere CO_2 Emissionen als Griechenland.[1] Fakt ist, jede Transaktion von Bitcoin verbraucht Ressourcen. Und zwar nicht zu knapp. Bitcoin deshalb allerdings grundsätzlich aus dem ESG-Portfolio zu verbannen wäre zu kurz gegriffen.

Denn was genau repräsentieren Bitcoin und Co. innerhalb eines Finanzportfolios? Betrachtet man Bitcoin als Kryptowährung, also als alternative Währung, dann müsste sie der Cash-Position im Portfolio gegenübergestellt werden, wenn nicht sogar dem Devisenhandel. Es müsste also zunächst der gesamte Energieaufwand berechnet werden, der bei der Herstellung, der Lagerung, dem Austausch und Handel sowie der Entsorgung (Verbrennung) von Geld anfällt – und zwar sowohl von Bargeld als auch von E-Geld einschl. der digitalen Datenspuren auf Konten, bei Brokern, Verwahrern usw. Dieser müsste anschließend in Relation zum gesamten weltweiten Geldaufkommen (digital und Bargeld) gebracht und ins Verhältnis zum gesamten Aufkommen von Bitcoin gestellt werden. Oder repräsentiert Bitcoin mehr als nur eine Währung? Manche sehen im Bitcoin ein Trust- und Empowerment-Instrument, eine anonyme und fälschungssichere Bezahlmöglichkeit, die zentrale Intermediäre überflüssig macht und zum Schutz – im Sinne einer freien Teilhabe am globalen Marktgeschehen – von Minderheiten in repressiven Staaten beiträgt? Dann müssten auch die Faktoren „S" und „G" betrachtet werden.

Sie merken, für ESG sensitive Investoren ist es unabdingbar zu verstehen, wie weit digitale Assetklassen wie der Bitcoin die ESG-Kriterien erfüllen und wie sie im Vergleich zu herkömmlichen Assets abschneiden.

8.2   Die Blockchain (r)evolutioniert den Finanzmarkt

8.2.1   Vertrauen ist eine fundamentale Voraussetzung für einen funktionierenden Wirtschaftskreislauf

Unsere heutige Finanzwelt besteht aus unzähligen unabhängigen Akteuren, welche sich in den meisten Fällen nicht kennen und nur sehr selten Geschäfte direkt miteinander abwickeln. Wir sprechen vom „Finanzmarkt", von „Angebot und Nachfrage". Doch die Finanzwirtschaft, wie jede andere Wirtschaftsform auch, setzt sich aus Menschen

---

[1] https://digiconomist.net/bitcoin-energy-consumption/. Zugegriffen am 29.08.2021.

zusammen die im eigenen Interesse und/oder im Interesse ihrer Arbeitgeber und Kunden handeln. Um das komplexe Zusammenspiel zwischen den einzelnen Finanzmarktakteuren sicherzustellen, wurden zentrale Stellen etabliert, die zwischen unabhängigen Parteien vermitteln und gegenseitiges Vertrauen herstellen sollen.

So ist es in der heutigen Welt nur schwer vorstellbar, dass nationale Währungen ohne Zentralbanken ausgegeben werden können, dass Banken sich untereinander blind vertrauen, oder dass Kunden ohne eine Bank ein Konto führen und die Zusicherungen über ihren Geldbestand gegenüber den Gläubigern selbst nachweisen können. Beispielsweise steuert die Europäische Zentralbank die Umlaufmenge des Geldes und schafft die Basis für andere Banken, die wiederum unter anderem für die Zirkulation des Geldes im Wirtschaftskreislauf verantwortlich sind.

Als 2007 die globale Finanz- und Bankenkrise ausbrach, verfiel die Weltwirtschaft in eine Art Schockstarre: Die Pleite der Investmentbank Lehman Brothers hat gezeigt, dass auch die größten und angesehensten Banken und Rating-Agenturen nicht uneingeschränkt vertrauenswürdig sind. Der damit einhergehende Vertrauensverlust in den Finanzmarkt und die gesamte Branche hatte zur Folge, dass Anleger und Sparer viel Geld verloren, Banken sich gegenseitig kein Geld mehr leihen wollten (oder konnten) und der Geldkreislauf gestört wurde. Nur durch die Intervention der Zentralbanken und Regierungen gelang es, die Krise mit einem großen regulatorischen und geldpolitischen Aufwand zu überwinden. Der Vertrauensvorschuss aber war unwiderruflich aufgebraucht.

Genau zu diesem Zeitpunkt, also im Jahr 2008, wurde von einem bis heute anonymen Autor unter dem Pseudonym Satoshi Nakamoto ein Whitepaper veröffentlicht, welches eine vollkommen disruptive Lösung für die oben genannten Herausforderungen vorschlug: Den Bitcoin. Das Paper erklärte nicht nur das Prinzip einer Blockchain, sondern teilte auch die beispielhafte Implementierung für eine blockchainbasierte Währung (Bitcoin) einschl. Algorithmus. Die von Nakamoto vorgestellte dezentrale Technologie schaffte einen bisher nie dagewesenen Balanceakt zwischen vollkommener Anonymität und absoluter Transparenz und vermittelt nicht nur Vertrauen zwischen den Parteien, sondern macht dieses zugleich auch überflüssig – genauso wie auch die bisherigen zentralen Intermediäre: Zum einen schafft ein Algorithmus gegenseitiges Vertrauen zwischen den Marktteilnehmern und zum anderen wurde eine zentrale Partei, die bis dahin notwendig war durch ein dezentrales und sich selbst regulierendes Netzwerk von Computern bzw. Miner ersetzt. Dabei muss allerdings erwähnt werden, dass die Blockchaintechnologie seit dem Jahr 2008 stark weiterentwickelt wurde und parallel auch alternative Ansätze zur Bitcoin-Blockchain entstanden sind z. B. Ethereum.

Doch was genau ist eine Blockchain? Da die Funktionsweise der Blockchain ohne Probleme ein eigenes Buch füllen könnte, möchte ich nur soviel sagen: Vereinfacht ausgedrückt handelt es sich bei der Blockchain um eine dezentrale und für alle Teilnehmer transparent einsehbare Datenbank (bzw. Ledger, zu Deutsch: Register), welche von einem stark verteilten Computernetzwerk betrieben wird. Die Blockchain setzt sich aus sogenannten „Blöcken" zusammen, in denen alle transparent (oder Ereignisse) innerhalb eines gewissen Zeitraums festgehalten und von zahlreichen Teilnehmern (den Minern) bezeugt und bestätigt werden. Ist ein Block „voll" wird er „versiegelt" und über eine mathematische Rechnung verschlüsselt und unwiderruflich an die Blockchain „angeknüpft". Ab diesem Zeitpunkt ist er für alle transparent einsehbar und kann nicht mehr verändert werden – er ist also lösch- und fälschungssicher. Als Überbegriff für diese Art von Technologien wird heute Distributed Ledger Technology oder kurz DLT verwendet.

8.2.2   Kryptowerte bereichern den Finanzmarkt

Einst als Spielerei für Technikenthusiasten abgestempelt, entwickeln sich Kryptowerte zunehmend auch für institutionelle Anleger zur interessanten Anlageklasse. Nach Angaben von Fidelity Digital Assets erwägen 7 von 10 Investoren aus dem institutionellen Bereich in Digital Assets zu investieren.[2] Dieser Entwicklung werden mehrere Ursachen zugeschrieben. Einer der Hauptgründe ist wohl die Weiterentwicklung der Regulatorik für diese Assetklasse, wie beispielsweise die Einführung der Kryptoverwahrlizenzen und die Verabschiedung des Gesetzes zur Einführung von elektronischen Wertpapieren durch den Deutschen Bundestag.[3] Eine weitere Ursache für die steigende Akzeptanz und Nachfrage im Markt könnte auch sein, dass große Asset Manager wie BlackRock verkündet haben in diese Assets investieren zu wollen und diese Assetklasse auch Bestand am Markt haben wird.[4]

Doch was genau sind digitale Assets eigentlich und warum sind sie so spannend für den Finanzmarkt?

Auf der Blockchain (oder anderen DLT-Technologien) können digitale Einheiten über einen sogenannten Tokenisierungsprozess als Kryptowerte bzw. digitale Assets ausgegeben werden: Bei einer Tokenisierung wird ein Vermögenswert bzw. Vertrag oder Recht mit einer digitalen Repräsentation – dem Token – auf einer Blockchain verknüpft. Ein (Blockchain)-Token ist somit ein digitales Asset, das einen Besitzgegenstand/-anspruch darstellt. Die Eigentumsverhältnisse von Tokens sind dabei über die Blockchain geregelt. An dieser Stelle sei erwähnt, dass unzählige Arten von Krypto-werten existieren, welche für unterschiedliche Zwecke eingesetzt werden. Genau darin liegt auch Grund, warum sie für den Finanzsektor so spannend sind: Sie ermöglichen es auch Privatpersonen und nicht-börsengelisteten Unternehmen zu Emittenten zu werden und stellen somit eine ernstzunehmende Alternative zur Kapitalaufnahme durch Verschuldung (Debt) oder Abgabe von Unternehmensanteilen (Equity) dar. Gleichzeitig ermöglichen sie

---

[2] https://www.fidelitydigitalassets.com/articles/digital-asset-survey-2021. Zugegriffen am 31.08. 2021.

[3] Bundesministerium der Justiz und für Verbraucherschutz, Gesetz zur Einführung von elektronischen Wertpapieren: https://www.bmjv.de/SharedDocs/Gesetzgebungsverfahren/Dokumente/ Bgbl_elektronische_Wertpapiere.pdf. Zugegriffen am 31.08.2021.

[4] https://www.boerse-online.de/nachrichten/aktien/groesster-vermoegensverwalter-der-welt-setzt-auf-bitcoin-1030749055. Zugegriffen am 31.08.2021.

es Investoren, direkt P2P zu handeln oder sich als Leadinvestor oder als Teil einer Crowd frühzeitig an zukunftsweisenden Vorhaben zu beteiligen, die sie so vielleicht nicht an der Börse finden.

Für den Zweck dieser Publikation ist es vor allem wichtig zwischen den zwei wichtigsten Ausprägungen von Kryptowerten zu unterscheiden: So existieren reine Block-chain-basierte Werte ohne jeden Bezug zu realen bzw. physischen Werten einerseits und Assets, welche Realwerte digital abbilden oder stellvertretend für diese eingesetzt werden andererseits. Letztere werden deshalb auch als Kryptorealwerte bezeichnet.

Die rein Blockchain-basierten Werte werden i. d. R. für den Betrieb bzw. als Zahlungs-mittel auf der Blockchain verwendet. Darunter fallen u. a. Kryptowährungen, Utility Token und Smart Contracts:

- Kryptowährungen sind digitale (Quasi-)Währungen, die einen bargeldlosen Zahlungs-verkehr ohne die Aufsicht oder Mitwirkung von zentralen Steuerungsmechanismen (z. B. Banken oder Behörden) gewährleisten sollen. Solche Kryptowährungen die auf einer eigenen Plattform laufen (z. B. Bitcoin, Ether oder Litecoin) werden dabei als Coins bezeichnet. Währungen, die eine fremde Plattform nutzen bezeichnet man hingegen als Currency Token bzw. Payment Token.
- Utility Token sind digitale Gutscheine die Zugang zu einem Produkt/einer Dienstleis-tung bieten bzw. zur Nutzung eines Produkts, einer Dienstleistung oder einer Funktion berechtigen.
- Smart Contracts (auch bekannt als Ethereum Request for Comments, kurz ERC) sind standardisierte/vereinheitlichte Token die auf der Ethereum-Plattform basieren und es ermöglichen, Verträge sicher abzuschließen und automatisch auszuführen, ohne dass eine zentrale Partei oder ein Intermediär benötigt wird.

Im Unterschied zur ersten Gruppe bilden Kryptorealwerte echte Vermögenswerte ab. In diese Gruppe fallen insb. Security Token und Non-Fungible Tokens (NFT):

- Security Token (auch Equity Token oder Investment Token) kommen den klassischen Wertpapieren am nächsten, denn sie sind unmittelbar an einen Wert bzw. ein Ge-nussrecht/standardisiertes Emissionsprodukt gebunden und können fraktionell geteilt werden. Zudem entsprechen sie den Regularien der Bundesfinanzaufsicht (BaFin) für Wertpapiere und werden deshalb regulatorisch wie traditionell regulierte Kapi-talanlagen (Wertpapiere/Unternehmensanteile) behandelt. Grundsätzlich kann nahezu jeder Vermögenswert tokenisiert werden, z. B. Aktien/Unternehmensanteile, Anleihen, Darlehen, Immobilien oder Gesellschaftsanteile, aber auch Genussrechte an konkreten Projekten und Vorhaben (z. B. das Katalogrecht an einem Musikstück), sowie Zertifi-kate.
- Non-fungible Token (NFT) sind einzigartige Kryptowerte; im Unterschied zu Security Token sind sie nicht beliebig oft vermehrbar/teilbar. Während Fungible Token wie Security Token oder Kryptowährungen fraktionelle Wertanlagen zulassen (sie sind

teilbar; man kann z. B. 0,001 Bitcoin besitzen/versenden) und somit mehreren Anlegern gleichzeitig die Möglichkeit bieten, in dieselbe Wertanlage zu investieren, schaffen NFT Einzigartigkeit im digitalen Raum. Aus diesem Grund eignen sich NFT besonders gut für (digitale) Sammlerstücke wie z. B. Kunstwerke, (Musik-)Katalogrechte, Sammelkarten, Kleidungsstücke und andere einzigartige Assets.

8.3 Das iVE.ONE ESG-Scoring Modell

8.3.1 Kryptoinvestments verunsichern den Markt

Als Tesla unter der Führung von Elon Musk verkündete in Bitcoin zu investieren, sahen die Medien dies als mögliches Problem für das Image des Unternehmens an. Denn Tesla steht mit der E-Mobilität auch für den Umweltschutz. Die Investition in Bitcoin als vermeintlichen Klimakiller spricht hingegen eine andere Sprache. Kurze Zeit später verkündete Musk, nicht mehr in Bitcoin zu investieren – mit der Argumentation, Bitcoin schade dem Klima. Konkrete Zahlen, Berechnungen oder Nachweise wurden nicht preisgegeben. Auch oder gerade weil Tesla Bitcoin inzwischen wieder als Zahlungsmittel akzeptiert, wird deutlich dass es Unternehmen schwer fällt die Auswirkungen von Kryptowerten auf unsere Umwelt, unsere Gesellschaft und unsere Wirtschaft data-driven zu bewerten und sich objektiv für oder gegen die Investition in solche Assets zu entscheiden.

Wie könnte also ein ESG-Rating für digitale Assets aussehen? Und wie kann ein krypto-lastiges Portfolio unter dem ESG-Gesichtspunkt bewertet werden, wenn wichtige Metriken für digitale Assets noch nicht vorhanden sind? Diese Frage stellten wir uns bei iVE.ONE und widmeten uns damit der Herausforderung, ein sinnvolles Ratingtool zu entwickeln – mit überraschenden Ergebnissen.

8.3.2 Aufbau iVE.ONE ESG-Scoring Modell – Was wird eigentlich gescored?

ESG-Scores für Blockchain-basierte Anlagen sollen mehr Informationen über die Auswirkungen und potenziellen Risiken von Investitionen in Blockchain-basierte Produkte vermitteln. Aufgeteilt in die Risikofaktoren Umwelt, Soziales und Unternehmensführung generieren die datengesteuerten Scores eine relevante, aktuelle und leicht verständliche Risikokennzahl, die Anleger bei der Bewertung ihrer Investitionsentscheidung und des potenziellen Risikos einer Wertstörung verwenden können. Emittenten können die verbesserten Informationen über die Risiken verschiedener Blockchain-Technologien nutzen, um die mögliche Konformität ihrer Projekte mit künftigen ESG Anforderungen zu erhöhen. Bei der Erstellung eines ESG-Scoring-Modells treten vier wesentliche Fragestellungen auf, die ich hier näher beleuchten möchte.

Blockchain Assets vs. Kryptorealassets

Wie bereits beschrieben gibt es zwei Hauptgruppen von Kryptowerten: rein Blockchain-basierte Werte und Kryptorealassets. Die Frage, ob ein Kryptowert einen realen Wert abbildet oder nicht, ist ausschlaggebend für die ESG-Analyse. Während sich die ESG-Bewertung bei rein Blockchain-basierten Assets vor allem auf die Blockchain selbst bezieht, müssen für Kryptorealwerte sowohl die ESG-Faktoren des abgebildeten Wertes als auch die zugrundeliegende Blockchain-Infrastruktur analysiert werden. Für unser Scoring-Modell haben wir uns deshalb dazu entschieden, zunächst die erste Gruppe (also die Blockchain als Plattform/Infrastruktur) näher zu untersuchen und dafür ein ESG-Scoring zu entwickeln. Das ESG-Rating für die zweite Gruppe setzt sich dann anteilig aus dem Score für den Krypto-Anteil, dem ESG-Score für den Emittenten, sowie dem ESG-Score für den verknüpften Realwert zusammen, denn: hinter jedem Security Token und jedem NFT steckt ein echter Wert (Unternehmen, Projekt, Immobilie, etc.), dessen Nachhaltigkeit bewertet werden kann. Ausschlaggebend für ein faires Rating ist hier insb. auch die Gewichtung der Faktoren (Blockchain und Asset).

Plattform vs. Protocol

Bei der Bewertung von Bitcoin, Ethereum und Co. treten die nächsten Fragestellungen auf. Denn während auf der Bitcoin Blockchain ausschließlich die gleichnamige Kryptowährung betrieben wird, stellt Ethereum eine Art Infrastruktur bereit, welche sowohl Ether-Transaktionen ausführt als auch die Möglichkeit bietet, weitere Token und Protokolle (Smart Contracts) zu deployen. Ein Smart Contract kann wiederum dafür verwendet werden, eine weitere von Ethereum abweichende Kryptowährung zu betreiben. Wir haben uns in diesem Zusammenhang dafür entschieden, Blockchains in ihrer Gänze zu betrachten um einen aussagekräftigen Vergleich zu ermöglichen. Diese Basisbewertung kann später dazu verwendet werden, die einzelnen Smart Contracts und Token zu bewerten, die auf diesen Blockchains ausgeführt werden. Mehr dazu folgt im Kapitel „Ausblick auf die Zukunft".

Data Sourcing

Die nächste Frage bei der Erstellung eines ESG-Scoring-Modells betrifft die Erhebung und Auswertung von Daten. Die ESG-Bewertungssäulen für traditionelle Vermögenswerte sammeln Daten aus öffentlich zugänglichen Informationen, die in Unternehmensmitteilungen, Pressemeldungen und anderen Quellen zu finden sind. Diese Daten werden anschließend von Analysten bewertet und normiert abgespeichert. Trotz der Bemühungen standardisierte Werte zu erhalten, kann die Interpretation der Daten zu unterschiedlichen Scoring Ergebnissen abhängig von Anbietern führen bzw. von Unternehmen gezielt beeinflusst werden.

Für viele Blockchain-Anwendungen gibt es jedoch keine zentrale Stelle, welche ein Reporting auf Anfrage ausgeben kann. Dies liegt mitunter daran, dass es sich bei der Blockchain um ein dezentrales Netzwerk handelt, das von unterschiedlichen Computersystemen an unterschiedlichen Orten der Welt (S) von unterschiedlichen Menschen (S) und unterschiedlichen Regimen (G) mit unterschiedlichen Energiequellen (E) ausgeführt wird.

Der große Vorteil der Blockchain ist, dass viele wichtige Basisinformationen direkt transparent und fälschungssicher auf der Blockchain gespeichert sind und von jedermann abgerufen werden können. Diese Basisdaten besagen zum Beispiel welche Transaktionen zu einem bestimmten Zeitpunkt erfolgt sind und unter welchem Berechnungsaufwand auf Blockchain abgelaufen sind. Die Herausforderung besteht jedoch darin, diese Basisdaten so zusammenzutragen, dass sie auch für ESG Relevanz bekommen. Glücklicherweise gibt es einige Anbieter auf dem Markt welche genau diese Verknüpfungen erstellen und anhand mathematischer Modelle die ESG-relevanten Daten liefern.

Datenauswertung

Sind die wesentlichen Daten gesammelt bleibt die Frage offen, wie Daten interpretiert werden. So lässt sich beispielsweise relativ leicht in Erfahrung bringen, in welchen Ländern/Regionen die größten Knotenpunkte bzw. Rechenzentren stehen. Schwieriger wird hingegen die Bewertung dieser Informationen. Stellen Sie sich z. B. vor, ein auffällig hoher Anteil von Minern schürft von der Volksrepublik China aus. Dann könnte dies aus einer Umweltperspektive heraus negativ bewertet werden, denn der Anteil von erneuerbarer Energien macht in China nur knapp zehn Prozent aus. Und auch aus Governance-Perspektive steigert eine hohe Dichte das Risiko einer koordinierten 51 % Attacke, also der forcierten Manipulation von Blöcken bzw. Transaktionsinformationen. Auf der anderen Seite könnten viele Miner in einer Region dafürsprechen, dass Kryptowerte dort z. B. als anonyme Zahlungsmittel genutzt werden die die Privatsphäre und Sicherheit der Personen schützen. Befinden sich hingegen ein Großteil der Miner z. B. in Schweden, dann könnten die Daten vollkommen anders interpretiert werden, denn Schweden speist mehr als die Hälfte des nationalen Strombedarfs aus erneuerbaren Energien. Auch der soziale Faktor wäre hier längst nicht mehr eindeutig. Abhilfe kann hier eine Sentimentanalyse schaffen, die das Internet nach positiven und negativen Berichten zur jeweiligen Blockchain durchforstet (Erfolgsberichte und Use Cases vs. Fälle in denen die Blockchain für kriminelle Aktivitäten ausgenutzt wurde).

8.3.3 Beschreibung der Datenpunkte

So wie beim traditionellen ESG-Scoring können auch für Blockchains hunderte von Datenpunkten gesammelt und ausgewertet werden. Im Folgenden möchte ich einige spannende Kandidaten für die drei Säulen vorstellen, die wir auch für unsere Berechnungen aufgenommen haben. Diese werden im Folgenden skizziert.

Environmental – Jährlicher Energieverbrauch
Bestimmte Prozesse, die für Blockchain-Transaktionen und -Validierungen entscheidend sind, erfordern ein unterschiedliches Maß an Energie in Form von Rechenleistung. Das Mining für ein Proof-of-Work-System (POW), also die Operationen, mit denen Transaktionen in das Hauptbuch eingetragen werden, ist ein solcher Prozess. Der Energieverbrauch eines solchen Prozesses wird von CBECI und DIGICONOMIST, die ihre Forschungsergebnisse regelmäßig veröffentlichen, kontinuierlich bewertet.

iVE.ONE verwendet hier den jährlichen Energieverbrauch in TWh und vergleicht ihn mit dem von ganzen Nationen, um eine endgültige Umweltrisikobewertung im Vergleich zu anderen Blockchains zu erhalten.

Um noch bessere Ergebnisse zu erzielen, können im nächsten Schritt die größten Knotenpunkte ermittelt werden (siehe Governance – Geographical Node Distribution) und ins Verhältnis gestellt werden zum nationalen/regionalen Anteil erneuerbarer Energien.

Social – Nakamoto Index, Ransomware Identification & Sentiment Analyse
Die soziale Säule einer Blockchain kann sich auf verschiedene Aspekte beziehen, z. B. die Offenheit für Nicht-Finanzfachleute, das allgemeine Sicherheitsniveau, das Anwendungspotenzial, usw., aber auch für welche Zwecke die Blockchain/der Kryptowert eingesetzt wird (z. B. im Sinne der Gesellschaft oder für kriminelle Aktivitäten). In diesem Abschnitt konzentrieren wir uns zum einen auf die Sicherheit und Stabilität der Blockchain, um das Risiko zu bestimmen, das ein bestimmtes Blockchain-basiertes Projekt haben könnte. Zum anderen beziehen wir die „weichen" sozialen Faktoren mit ein.

Das iVE.ONE ESG-Scoring-Modell verwendet einen auf der Lorenzkurve basierenden Nakamoto-Index, um zu berechnen, wie viele POW-Blockchain-Mining-Pools kompromittiert werden müssten, um mehr als 51 % aller Mining-Aktivitäten zu kontrollieren und damit die Validierung und Veröffentlichung von Transaktionen effektiv zu steuern. Öffentliche Blockchain-Screener wie Etherscan.io und Coinbase liefern die notwendigen Blockdaten, die verwendet werden. Je dezentraler die Blockchain ist (d. h. je höher der Nakamoto-Index), desto sicherer ist sie vor einer 51 %-Attacke (Erklärung folgt im Glossar). Bei Proof-of-Stake-Blockchains (POS) wie EOS besteht vielleicht nicht das Risiko eines 51 %igen Angriffs, dafür aber das Risiko eines mutwilligen Angriffs auf die Blockchain durch geheime Absprachen der Blockproduzenten. Im speziellen Fall von EOS kann dieses Szenario dann eintreten, wenn 2/3 plus 1 Blockproduzent eine geheime Absprache treffen.

Neben der Zugänglichkeit und Sicherheit der Blockchain arbeiten wir derzeit noch daran, wie wir im nächsten Schritt weitere weiche soziale Faktoren in das „S"-Rating miteinbeziehen können. Einen Ansatz dafür bietet erstens das Ransomware Identification Framework von Ahn et al. (2016) nach dem Lösegeldzahlungen mithilfe einer Clusteranalyse identifiziert werden können und zweitens das sogenannte Text Mining via Sentiment Detection (zu Deutsch: Stimmungserkennung). Hierbei wird Text mit Bezug auf eine Blockchain oder spezifische Kryptowerte (u. a. öffentliche Äußerungen in Medien und Sozialen Netzwerken) automatisch ausgewertet, mit dem Ziel die jeweilige Haltung als positiv oder negativ einzustufen. Etablierte Anbieter im Kryptomarkt sind u. a. CryptoMood, Alternative.me (Crypto Fear & Greed Index) oder sentix (Cryptocurrency sentiment repor).

Wir betrachten Sentiment Detection als wesentliches Instrument für die ESG-Säule „Soziales", da Blockchain-basierte Anwendungen und Werte das Potenzial haben, viel Gutes zu bewirken, Minderheiten zu befähigen (Stichwort Empowerment) und Innovationen voranzutreiben. Zugleich werden sie aber auch regelmäßig für kriminelle Zwecke (z. B. Geldwäsche, Drogen- und Waffenhandel oder Terrorismusfinanzierung) eingesetzt. Die Sentimentanalyse hilft hier, das Verhältnis zwischen Blockchain = gesellschaftlicher Fortschritt/Mehrwert einerseits und Blockchain = kriminelles Netzwerk andererseits objektiv einzustufen.

Governance – 30-Tage-Entwickleraktivität und die Geographical Node Distribution
Die traditionellen ESG-Säulen der Governance beziehen sich auf die Transparenz und Angemessenheit des Managements und der Führungskräfte eines Unternehmens. Um die Governance eines dezentralisierten Systems wie einer Blockchain zu bewerten, betrachten wir die monatliche Entwickleraktivität. Die Entwickleraktivität stellt sicher, dass die Programmierer die Blockchain-Technologie kontinuierlich ändern und verbessern. Dies gewährleistet eine kontinuierliche und dynamische Verbesserung der Technologie und trägt direkt zur Verringerung des Risikos von Abbrüchen, Betrug oder Systemausfällen bei. Santiment.net ist hier die führende Plattform, die Blockchain-Entwickleraktivitäten verfolgt und veröffentlicht.

Darüber hinaus bewertet das iVE.ONE-ESG-Scoring-Modell die globale Verbreitung der Blockchain. Die sogenannten Knoten erleichtern und halten eine Kopie des Hauptbuchs einer Blockchain. Je verteilter die Knoten auf der ganzen Welt sind, desto geringer ist die Wahrscheinlichkeit, dass ein staatliches Eingreifen das gesamte System zum Zusammenbruch bringt und zu einem direkten und vollständigen Wertverlust führt. Wir verwenden Bitnodes.com und Ethernodes.org als öffentliche Quellen für Knoteninformationen, die die zuverlässigsten und verfügbaren Daten zur Messung der ESG-Auswirkungen und der relativen Leistung von Blockchains darstellen. Sie messen die „G"-Risikofaktoren welche für Unternehmen und Investoren, die Token ausgeben oder mit Währungen handeln wollen, die auf den bewerteten Blockchains basieren, ein Problem darstellen können.

8.4   Score-Struktur und Berechnung

Die Berechnung des Scores bei Blockchain-basierten Werten unterscheidet sich nur in wenigen Aspekten von der Berechnung von ESG für klassische Werte. Die Scores sind so gestaltet, dass sie relativ zueinander sind, so dass jeder Vermögenswert auf der Grundlage gemeinsamer Merkmale bewertet werden kann. So fließen die normalisierten Datenpunkte entsprechend gewichtet in eine der drei Säulen des ESG-Berechnungsmodells ein.

Da die Blockchain-Technologie bis heute hinsichtlich ihrer ESG-Auswirkungen nicht ausreichend bewertet wurde, gibt es keine Benchmarks, an denen man sich orientieren könnte. Um trotzdem relativierte Benchmark-Daten zu erhalten, können die Kennzahlen mit makroökonomischen Indikatoren verglichen und in Relation gesetzt werden. Aus diesem Grund haben wir zum Beispiel Länder-Metriken herangezogen, um die Ergebnisse in einen relativen Kontext zu setzen. Weitere Einzelheiten zu der Berechnungsmethode finden Sie in unserem Whitepaper.

8.5 Beispielrechnung zu Bitcoin und Ethereum

Wir haben nach der hier beschriebenen und im iVE.ONE Whitepaper weiter ausgeführten Methodik eine Bewertung für die beiden nach Marktkapitalisierung größten Blockchains Ethereum und Bitcoin vorgenommen. Insbesondere werden die Bitcoin- und Ethereum-Token auf der Grundlage ihrer relativen ESG-Leistung bewertet, wobei wir die Faktoren E, S und G zu gleichen Teilen werten.

Die nachstehende Tab. 8.1 zeigt das Bewertungsschema* und die Punktzahl von Bitcoin und Ethereum auf einer Skala von 0 (schlechtestes ESG-Rating) bis 100 % (bestes ESG-Rating). Der finale ESG-Score setzt sich zusammen aus der Summe der Multiplikationen des Scores pro ESG-Säule mit der entsprechenden Gewichtung. Score pro ESG-Säule und pro Kryptowert: Für den jeweiligen Kryptowert wurden die Datenpunkte erhoben und gegen die von uns definierte Benchmark verglichen. Die dabei erhobenen Daten enthalten mindestens einen Datenpunkt aus der jeweiligen ESG-Säule. Sofern mehrere Datenpunkte für einen Wert vorliegen, wird ein Mittelwert berechnet und verwendet. Sobald künftig mehrere Messwerte vorliegen, kann der Median bessere Ergebnisse liefern.

Unsere Berechnungen ergeben, dass Ethereum (stellvertretend für die Plattform und die eigene Kryptowährung) eine positivere Gesamtbilanz hat als Bitcoin. Dies hat mehrere Gründe. Allen voran stellt Ethereum die umweltverträglichere und vielseitigere Lösung in Bezug auf Anwendungsmöglichkeiten dar.

Bitcoin-Transaktionen sind mit erheblichen negativen Umweltauswirkungen verbunden und sind auch heute noch die beliebteste Kryptowährung von Kriminellen für die Geldwäsche, Terrorismusfinanzierung und Co. – auch wenn das relative Verhältnis von Mehrwert vs. Kriminelle Aktivitäten sich mit Einstieg der institutionellen Finanzakteure in den Coin deutlich verbessert hat. Dem entgegenzuhalten ist, dass die dezentrale Natur von Bitcoin

Tab. 8.1 iVE.ONE ESG-Rating für Ethereum und Bitcoin

Säule	Gewichtung	BTC	ETH
Environmental	1/3	0.61	0.95
Social	1/3	0.38	0.82
Governance	1/3	0.76	0.96
ESG-Score in %	100 %	58 %	91 %

ihn sehr widerstandsfähig gegen mutwillige Manipulation, staatliche Einflussnahme oder Abschaltungen macht. Im Vergleich dazu punktet Ethereum mit einem deutlich effizienteren Ressourcenverbrauch und Vielfalt in Bezug auf die Anwendungsmöglichkeiten (anders als Bitcoin lässt Ethereum eigene Projekte und Smart Contracts zu. Zudem kann man über die Plattform unabhängige Abstimmungen ermöglichen). Allerdings lässt Ethereum „Federn" beim Nakamoto Index (S). Dies deckt sich mit unseren Erwartungen, da Ethereums begrenzte Knotenanzahl und quasi-zentralisierte Natur ein erhöhtes Risiko darstellen, insbesondere wenn man bedenkt, wie wenige Mining-Pools kompromittiert werden oder sich absprechen müssten, um mehr als 51 % aller Validierungsaktivitäten zu kontrollieren und somit eine 51 %-Attacke einzuleiten.

8.6   Aktuelle Herausforderungen

Data Management
Die größte Herausforderung bei der Berechnung von ESG-Scores zur Blockchain und zu Kryptowerten liegt im Umgang mit Daten. Zwar existieren bereits eine Menge von Daten die herangezogen werden können, doch die Herausforderung besteht darin, die Datenqualität durch Aktualität und Integrität zu gewährleisten und diese richtig in den ESG-Kontext zu setzen. Ein weiterer Aspekt ist hier auch die Vergleichbarkeit der Daten. Zum einen können die Protokolle der Blockchain sich verändern. So steht beispielsweise bei Ethereum ein Wechsel von Proof-of-Work zum Proof-of-Stake bevor, der die Blockchain verschlanken und die Energiebilanz maßgeblich verbessern wird. Zum anderen müssen die Daten gegen gültige Benchmarks aus diesem Bereich verglichen werden. Diese fehlen oft noch für das Blockchain-Ökosystem.

Bewertung von Smart Contracts
Blockchain-Technologien dienen als Plattformen, auf welchen Smart Contracts ausgeführt werden können. Die Smart Contract können dabei unterschiedliche Anwendungen implementieren. Die ESG-Bewertung dieser Anwendungen kann zwar anhand der Daten aus Smart Contracts und der zugrundeliegenden ESG-Scoring Daten berechnet werden, doch wird die Erhebung von realistischen ESG-Daten zu einzelnen Verträgen und schnell zu aufwendig, zu kleinteilig und damit unökonomisch.

8.7   Ausblick in die Zukunft

Auditfähiges Reporting mittels Blockchain
Die heutigen Probleme bei ESG bestehen zum Teil darin, dass Informationen, die von unterschiedlichen Quellen stammen, schwer nachzuvollziehen bzw. zu verifizieren sind. Über die Blockchain könnten ESG-Daten (auch zu klassischen Werten) künftig

fälschungssicher mit einer verifizierten Quelle versehen und für alle zugänglich gemacht werden.

ETH 2.0

Mit dem Wechsel von Proof-of-Work zum Proof-of-Stake könnte Ethereum eine deutlich höhere ESG-Bewertung erhalten und damit Kryptowerte (insb. Security Tokens und NFT) zu ebenbürtigen und massentauglichen Werten für ESG-Anlagestrategien machen – und zwar sowohl für Privatinvestoren als auch für professionelle Vermögensverwalter und Robo-Advisors.

Fazit

Die Blockchain und Kryptowerte (r)evolutionieren den Finanzmarkt und bieten spannende Möglichkeiten der Kapitalbeschaffung und -allokation für eine diverse Gruppe von Stakeholdern. Doch dürfen sie auch für nachhaltige Anlagestrategien in Betracht gezogen werden? Die kurze Antwort ist: Ja! Eine ESG-Bewertung für Digital Assets ist durchaus möglich. Ein großer Unterschied zum klassischen ESG-Scoring besteht allerdings darin, dass On-Chain-Daten die Berechnungsgrundlage liefern, anstatt Eigenangaben der Unternehmen. Diese sind allen zugänglich, werden von keiner zentralen Instanz kontrolliert und können auch nicht „aufgehübscht" werden (Stichwort Greenwashing). Das ermöglicht einen unvoreingenommenen Vergleich zwischen den einzelnen Blockchains. Insbesondere dann, wenn neben den Umweltauswirkungen auch die Säulen für Soziales und Governance miteinbezogen werden wird schnell klar, dass die Lead-Kryptowährungen Bitcoin, Ethereum und Co. durchaus Merkmale aufweisen, die sie für ESG-Portfolios qualifizieren. Etwas aufwendiger wird hingegen die Bewertung von Kryptowerten, die nicht auf einer eigenen unabhängigen Blockchain laufen und/oder reale Werte abbilden. Denn hier müssen neben dem ESG-Score für die zugrundeliegende Blockchain auch Informationen zum abgebildeten Wert sowie des Emittenten miteinbezogen werden: Informationen, die selten öffentlich zugänglich sind und nicht ohne Weiteres beschafft werden können. Auch wenn noch viele offene Fragestellungen und Herausforderungen in Bezug auf ESG-Scoring für die Blockchain und Kryptowerte bestehen bin ich zuversichtlich, dass die Blockchain und das wofür sie steht eine Bereicherung für die Welt ist – auch in Hinblick auf Sustainable Finance und standardisierte ESG-Ratings.

Literatur

Ahn, G.-J., Doupe, A., Zhao, Z., and Liao, K. (2016). somware and cryptocurrency partners in crime. In *Cybercrime Through an Interdisciplinary Lens*, New York: Routledge. Holt.

Smavesto: Nachhaltiges und automatisiertes Investieren

9

Dirk Rollenhagen und Otto Sascha

Im Rahmen der weiter fortschreitenden Digitalisierung ist es nicht erstaunlich, dass sich viele Aktivitäten in ein digitales Umfeld verschieben. Dazu gehören nicht nur zwischenmenschliche Interaktionen, die nun vielfach über digitale Plattformen stattfinden, sondern auch das Bedürfnis, Kapitalanlagen durch einen nachhaltigen Charakter auf eine neue Ebene zu heben. Das Trendthema Sustainable Finance bietet durch die wachsende Anzahl von Enthusiasten nicht nur ein branchenübergreifendes Potenzial im Rahmen von Marketing-Aktivitäten, es bietet ebenfalls einen wissenschaftlichen Kontext durch die Erforschung dieser prosperierenden Thematik. Dieses Kapitel vereint beide Aspekte, fokussiert sich aber zur Konkretisierung der Ergebnisse lediglich auf ein Praxisbeispiel innerhalb der Branche der Finanzdienstleistungen. Nach einer Einführung unter Einbeziehung der Idee und der geschichtlichen Entwicklung von Sustainable Finance sollen die mit dem Thema einhergehenden Herausforderungen aufgezeigt werden, um anschließend mithilfe des Praxisbeispiels zu analysieren, welche Potenziale bestehen und welche technologischen Lösungsansätze bereits heute im Rahmen einer nachhaltigen Vermögensanlage realisiert werden können.

9.1 Idee des Sustainable Finance

Das Bundesministerium der Finanzen (BMF) definiert Sustainable Finance als Instrument, mit welchem Finanzmarktakteure Nachhaltigkeitsaspekte in ihren Entscheidungen

D. Rollenhagen (✉) · O. Sascha
smavesto GmbHBremen, Deutschland
E-Mail: dirk.rollenhagen@sparkasse-bremen.de; sascha.otto@sparkasse-bremen.de

© Der/die Autor(en), exklusiv lizenziert an Springer Fachmedien Wiesbaden GmbH, ein Teil von Springer Nature 2022
B. M. Abdel-Karim, F. X. Kollmer (Hrsg.), *Sustainable Finance*, https://doi.org/10.1007/978-3-658-36389-5_9

berücksichtigen. Nachhaltigkeitsbezogene Risiken sollen in das Risikomanagement der Finanzmarktakteure integriert werden, da beispielsweise ökologische und damit zusammenhängende realwirtschaftliche Veränderungen wesentliche Risiken für einzelne Akteure sowie für den gesamten Finanzmarkt bergen können. Durch Sustainable Finance entstehen aber auch wirtschaftliche Chancen für die Banken und Finanzdienstleister, welche genutzt werden sollten. Dies resultiert aus der flankierenden Unterstützung der Umsetzung der Finanzmarktstabilitäts-, Energie-, Klima-, Entwicklungs- und weiterer Nachhaltigkeitsziele der Bundesregierung. Vor diesem Hintergrund hat sich auch die Bundesregierung zum Ziel gesetzt, Deutschland zu einem führenden Sustainable-Finance-Standort zu entwickeln.[1]

9.2 Geschichtliche Entwicklung

Zur geschichtlichen Entwicklung des Begriffs des Sustainable Finance, lässt sich im Monatsbericht des Bundesministeriums der Finanzen eine Übersicht über wesentliche Meilensteine finden.[2] Bereits 2017 wurde unter deutscher G20-Präsidentschaft ein Fokus auf Sustainable Finance gelegt. Das Bundesfinanzministerium unterstützte zu diesem Zeitpunkt bereits die „G20 Green Finance Study Group" sowie die vom Finanzstabilitätsrat eingesetzte „Task Force on Climate-related Financial Disclosures" (FSB TCFD). Zu diesem Zeitpunkt lag der inhaltliche Schwerpunkt von Sustainable Finance auf den Themen Transparenz und Risikomanagement. Bei der im April 2019 gegründeten „Coalition of Finance Ministers for Climate Action",[3] einer Koalition von Finanzministern, der weltweit mittlerweile 52 nationale Finanzministerien angehören, wurde sich zum Ziel gesetzt, den globalen Klimaschutz im Rahmen des Klimaabkommens von Paris voranzubringen. Hierzu wurden ein Erfahrungsaustausch sowie die Förderung gemeinsamer Standards und Prinzipien, der sogenannten Helsinki-Prinzipien, im Rahmen der nationalen Gegebenheiten und Zuständigkeiten vereinbart. Auch auf europäischer Ebene wird im Bereich Sustainable Finance von mehreren Staaten eine aktiv gestaltende Rolle eingenommen. Im März 2018 veröffentlichte die Europäische Kommission ihren Aktionsplan „Finanzierung nachhaltigen Wachstums" und erweiterte damit den bisherigen Fokus um die Unterstützung der Erreichung der Nachhaltigkeitsziele (insbesondere der Klimaziele).

---

[1] Bundesministerium der Finanzen, Monatsbericht Mai 2020: Sustainable Finance – Was hat das Finanzsystem mit den Nachhaltigkeitszielen zu tun? https://www.bundesfinanzministerium.de/Monatsberichte/2020/05/Inhalte/Kapitel-3-Analysen/3-3-sustainable-finance.htm. Zugegriffen am 04.08.2021.

[2] Bundesministerium der Finanzen, Monatsbericht Mai 2020: Sustainable Finance – Was hat das Finanzsystem mit den Nachhaltigkeitszielen zu tun? https://www.bundesfinanzministerium.de/Monatsberichte/2020/05/Inhalte/Kapitel-3-Analysen/3-3-sustainable-finance.html. Zugegriffen am 04.08.2021, S.29. f.

[3] https://www.financeministersforclimate.org/. Zugegriffen am 04.08.2021.

Zeitgleich wurde das Thema auch für die Finanzmarktregulierung bedeutend. In zwei Jahren wurden umfangreiche Legislativvorhaben zur Verbesserung der Transparenz im Finanzsektor erfolgreich abgeschlossen. Das zentrale Element des Aktionsplans bildet die Verordnung über die Einrichtung eines Rahmens zur Erleichterung nachhaltiger Investitionen (Taxonomie-Verordnung). Mit ihr soll ein umfassendes Klassifikationssystem für wirtschaftlich nachhaltige Aktivitäten geschaffen werden, um ein EU-weit einheitliches Verständnis der ökologischen Nachhaltigkeit von wirtschaftlichen Tätigkeiten zu fördern. Die EU-Taxonomie bietet Finanzmarktanlegern eine Informationshilfe darüber, mit welchen Investitionen ökologisch nachhaltige Wirtschaftstätigkeiten finanziert werden. Daneben wurden mit der Transparenz-Verordnung und der Benchmark-Verordnung Transparenz und Vergleichbarkeit bezüglich der Berücksichtigung von Nachhaltigkeitsaspekten im Finanzsektor gestärkt. Auch unter der aktuellen EU-Kommission wird dem Thema derzeit ein hoher Stellenwert beigemessen. Mit dem Green Deal liegt eine europäische Wachstumsstrategie vor, mit der nicht nur die Umwelt und damit die Lebensgrundlage in der EU geschützt werden soll. Auch die europäische Wirtschaft, die Innovationskraft und die Wettbewerbsfähigkeit sollen gestärkt hierdurch gestärkt werden. Hier setzt ebenfalls eine erneuerte Sustainable-Finance-Strategie der Kommission an. Erste Ideen der Kommission werden derzeit im Rahmen einer öffentlichen Konsultation zur Diskussion gestellt. Somit wird das Thema der Sustainable Finance auch zukünftig im nationalen sowie internationalen Kontext eine umfassende Rolle einnehmen.[4]

9.3   ESG & SFDR – Herausforderung und Lösungen für Banken und Finanzdienstleister

Mit der Ausarbeitung der neuen Vorschriften – SFDR (Sustainable Finance Disclosure Regulation) und EU-Taxonomie – im Rahmen des „EU Action Plan on Sustainable Finance" für die Finanzierung nachhaltigen Wachstums, sollen auch Banken und Finanzdienstleister eine führende Rolle bei der Bekämpfung des Klimawandels und der Berücksichtigung gesellschaftlicher Aspekte einnehmen. Finanzinstitutionen sehen sich nunmehr darin konfrontiert, die Kapitalflüsse in nachhaltige Anlagen umzulenken, finanzielle Risiken, die sich aus dem Klimawandel, Naturkatastrophen, der Umweltzerstörung sowie sozialen Problemen ergeben, zu bewältigen und Transparenz zu fördern. Der Aufbau von Know-How in diesem dynamischen Umfeld zur Erreichung der regulatorischen Compliance durch die Beschaffung hochwertiger regulatorischer ESG-Datenbestände, welche im Einklang mit SFDR und der EU-Taxonomie Verordnung stehen, stellt einen integralen Bestandteil der Bewältigung dieser Herausforderung dar (siehe Abschn. 9.3.3).

---

[4] Bundesministerium der Finanzen, Monatsbericht Mai 2020: Sustainable Finance – Was hat das Finanzsystem mit den Nachhaltigkeitszielen zu tun? https://www.bundesfinanzministerium.de/Monatsberichte/2020/05/Inhalte/Kapitel-3-Analysen/3-3-sustainable-finance.html. Zugegriffen am 04.08.2021, S.32. f.

9.3.1 Anforderungen an Nachhaltigkeit – EU-Regelwerk: Offenlegungsverordnung (SFDR) seit März 2021

Bislang gab es keine standardisierte Bewertungsgrundlage, ob ein Finanzprodukt tatsächlich die beworbenen Eigenschaften in Bezug auf die Berücksichtigung von Nachhaltigkeitsaspekten enthält. Mit der EU-Verordnung über die SFDR-Klassifizierung erhalten Anlegerinnen und Anleger nun die Möglichkeit, sich angemessen über die nachhaltigkeitsbezogenen Auswirkungen ihrer Investitionen zu informieren, um fundierte Anlageentscheidungen zu treffen. Hinter der Abkürzung SFDR verbirgt sich die Bezeichnung Sustainable Financial Disclosure Regulation, zu deutsch nachhaltigkeitsbezogene Offenlegungspflichten im Finanzdienstleistungssektor. Dabei handelt es sich um die Umsetzung einer EU-Verordnung mit dem Ziel, Finanzmarktteilnehmer und Finanzberater dazu zu verpflichten, Anleger in Bezug auf Nachhaltigkeitsaspekte eines Finanzprodukts transparent zu informieren.[5] Diese EU-Verordnung ist seit dem 11. März 2021 in Kraft und unter anderem für Fondsgesellschaften in Europa verpflichtend. Die Verordnung wird u. a. durch folgende Auflagen für Finanzmarktakteure charakterisiert:

- Transparenz hinsichtlich möglicher Risiken im Bereich Nachhaltigkeit: Veröffentlichung möglicher Risiken bei der Integration von Nachhaltigkeitsaspekten im Anlageentscheidungsprozess.
- Transparenz hinsichtlich möglicher nachteiliger Auswirkungen aufgrund der Einbeziehung von Nachhaltigkeitsaspekten: Verpflichtung zur Erklärung der Strategie, sofern sie nachteilige Auswirkungen von Investitionsentscheidungen auf Basis von Nachhaltigkeitsfaktoren berücksichtigen.
- Transparenz hinsichtlich der Vergütungsrichtlinien: Veröffentlichung der Vergütungsrichtlinien und Erläuterung darüber, wie diese mit der Berücksichtigung von Nachhaltigkeitsaspekten vereinbar sind.
- Transparenz hinsichtlich möglicher Auswirkungen auf die Rendite bei der Integration von Nachhaltigkeitsaspekten: Angabe von Einzelheiten im Prospekt darüber, wie Nachhaltigkeitsrisiken in Anlageentscheidungen integriert werden und welche Auswirkungen diese auf die Rendite der Finanzprodukte haben können.

9.3.2 Herausforderungen bei der Umsetzung von Sustainable Finance

Das Thema Sustainable Finance stellt für Banken und Finanzdienstleister eine umfassende und komplexe Herausforderung dar, weil sie durch das Thema gezwungen sind, in Kategorien zu denken, die nicht dem üblichen Geschäft ihrer Branche entsprechen.

---

[5] https://eur-lex.europa.eu/legal-content/DE/TXT/PDF/?uri=CELEX:32019R2088&from=EN (PDF-Version, S.3). Zugegriffen am 04.08.2021.

So folgen Entscheidungen (zum Beispiel über die Kreditvergabe, die Anlagepolitik im Depot A oder über die Wertpapier-Empfehlungslisten im Depot B) tradierten Denkweisen und geübter Praxis. Die vertrauten Steuerungsgrößen heißen Rentabilität, Liquidität und Sicherheit. Hierauf sind alle Strategien, Systeme und Prozesse sowie die Ausbildung der Mitarbeiterinnen und Mitarbeiter ausgelegt. Das Know-How zum Thema Nachhaltigkeit war vor der Implementierung von Sustainable Finance bei den allermeisten Häusern nicht vorhanden. Je nach Bedeutung der Einflussfaktoren können sich sowohl Chancen als auch Risiken ergeben. Diesen Herausforderungen sollten Banken und Finanzdienstleister mit der Anpassung von Unternehmensorganisation und Prozessen an die bestehenden Auflagen begegnen.

9.3.3 Technologische Lösungen

Der Aufbau dieses Know-Hows zur Erreichung der regulatorischen Complianceanforderungen aus eigenen Ressourcen ist langwierig und komplex. Darüber hinaus sind viele betroffene Unternehmen dauerhaft einer Vielzahl von internen und externen Einflussfaktoren ausgesetzt, die das Bestreben der Implementierung von Sustainable Finance beeinflussen. Somit stellt die Beschaffung von externem Know-How für Banken und Finanzdienstleister eine wesentliche Herausforderung dar. Hierbei sind verschiedene Bereiche zu unterscheiden:

• Definition & Konzeption:

Jeder Finanzmarktakteur muss eine individuelle Nachhaltigkeitsstrategie entwickeln und eigene Nachhaltigkeits-Policen aufstellen. Risiken müssen im Rahmen von regelmäßigen Abständen kontinuierlich identifiziert werden. Diese Risiken können durch einen gesellschaftlichen, umweltbezogenen oder ökonomischen Charakter definiert sein.

• Umsetzung & Implementierung:

Angesichts der geschilderten Ausgangslage in der Branche ist eine externe Beratung praktisch nicht zu vermeiden. Hierfür fallen projektbezogene, aber keine dauerhaften Kosten an. Auch bei der Frage, wie die Strategie in die Praxis umgesetzt werden soll (zum Beispiel bei der Definition von Filter-Kriterien), besteht Beratungsbedarf.

• Verfügbarkeit von Daten:

Banken und Finanzdienstleister sammeln intensiv Daten über ihre Kundinnen und Kunden (unter anderem Zahlungsverhalten oder Bilanzen). Da Nachhaltigkeit in ihrer Denkweise aber zuvor keine Rolle gespielt hat, sind hierzu kaum verwertbare Datenbestände vorhanden. Um die gesetzlich geforderten Auflagen zur Transparenz von Nachhaltigkeit zu gewährleisten, sind ebenfalls Datensätze zu den Basiswerten innerhalb von strukturierten Finanzprodukten notwendig. Diese müssen extern eingekauft werden und sich durch eine kontinuierliche Datenaktualisierung auszeichnen. In der Beurteilung der Wesentlichkeit der Datensätze können die Kosten für die Beschaffung als dauerhaft bezeichnet werden. Als Standard innerhalb der Branche haben sich mittlerweile Anbieter wie ISS oder MSCI etabliert.[6] Während es sich bei den ersten beiden Punkten um projektbezogene Kosten handelt, welche nur vorübergehend anfallen, müssen die dauerhaften Kosten für die Datensatzbeschaffung besonders berücksichtigt werden.

9.4   Technologische Lösungen am Praxisbeispiel des Robo-Advisors Smavesto

Seit mehreren Jahren bieten inzwischen mehr als 30 Robo-Advisor ihre Dienstleistungen am deutschen Markt an.[7] Bereits heute beläuft sich das verwaltete Anlagevermögen deutscher Kunden, das von digitalen Anlageassistenten betreut werden, auf mehrere Milliarden Euro. Robo-Advisors nehmen Anlegern die Geldanlage umfassend ab. Sie fragen ab, wie viel Risiko ein Anleger bereit ist einzugehen, automatisieren die Anlageentscheidungen des Anlegenden und unterstützen bei der technischen Umsetzung der Portfoliostrukturierung. Wurde das Ausgangsportfolio des Anlegers durch die Software bestimmt, stellt sich die Steuerung der Geldanlage des Kunden in den Fokus. Hierbei lassen sich zwei Arten von Robo-Advisors definieren:

• Aktive Robo-Advisors:[8]

Aktive Robo-Advisor agieren flexibel und schichten je nach Marktlage die verwalteten Anlageklassen um oder verändern ggf. deren Gewichtung, indem sie das jeweilige Marktrisiko einer Asset-Klasse in die Investmententscheidung einfließen lassen. Die Anpassung erfolgt in der Regel nach vorgegebenen Algorithmen. Einige Anbieter ermöglichen auch Strategien, bei denen eine Nachadjustierung durch einen menschlichen Anwender erfolgt. Diese Kombination aus Mensch und Maschine charakterisiert einen hybriden Robo-Advisor.

---

[6] https://www.rbinternational.com/de/nachhaltigkeit/nachhaltigkeitsratings-und-indizes.html. Zugegriffen am 04.08.2021.

[7] https://www.sueddeutsche.de/wirtschaft/robo-advisor-markt-raus-aus-der-nische-1.4987598. Zugegriffen am 13.08.2021.

[8] https://www.roboadvisor-portal.com/aktiver-robo-advisor-dynamischer-investment-ansatz/. Zugegriffen am 13.08.2021.

- Passive Robo-Advisors:[9]

Der große Unterschied eines Robo-Advisors, der sich bei der Asset Allocation für einen passiven Investment-Ansatz entschieden hat, gegenüber anderen Robo-Advisor Anbietern, die einen dynamischen und aktiven Investment-Ansatz verfolgen, besteht darin, dass bei der passiven Anlagestrategie vorwiegend mit einem fixen Portfolio aus Indexfonds (ETFs) gearbeitet wird. Alternative Asset-Klassen wie Rohstoffe (commodities), Termingelder, Renten- und rentenähnliche Papiere und aktiv gemanagte Investment-Fonds finden bei passiv handelnden Robo-Advisors keinerlei Berücksichtigung.

Weiterhin beinhaltet der passive Investmentansatz von Robo-Advisors meistens ein sogenanntes Rebalancing. Dem liegt zugrunde, dass die Anfangsverteilung des verwalteten Kapitals bzw. die Zusammensetzung des Portfolios auf die einzelnen Indexfonds vorgegeben ist. Die Portfolio-Struktur wird zur Wahrung der Vorgaben in regelmäßigen Abständen wieder auf die anfängliche Verteilung zurückgesetzt.

9.4.1 Grundlagen von Smavesto

Verwaltet werden die Portfolien der Kunden von Smavesto® von einem Roboter, der unter Einbeziehung von künstlicher Intelligenz und Algorithmen automatisierte Anlageentscheidungen trifft. Kunden, die ein Depot eröffnen, müssen bereits im Vorwege verschiedene Fragestellungen beantworten. Unter anderem wird die Risikotragfähigkeit des Anlegenden geprüft. Bestehen hierbei Aversionen gegenüber mit Risiken verbundenen Kapitalmarktanlagen, weist Smavesto® die Eröffnungsanfrage des Nutzers ab. Abhängig vom ermittelten Kundentyp investiert der Robo-Advisor nun das Vermögen in ein Anlageuniversum, welches Smavesto® bei der Berechnung eines für den Kunden effizienten Portfolios betrachtet. Dieses besteht aus einer Vielzahl von Exchange-Traded Funds (ETFs) und Exchange-Traded Commodities (ETCs). Das Anlageuniversum wurde mit Unterstützung eines mathematischen Modells nach vordefinierten Kriterien (insbesondere Kosten der enthaltenen ETFs und ETCs) aus dem gesamten Markt dieser Produkte selektiert. Ebenfalls wird es regelmäßig überprüft und ggf. überarbeitet. Durch die unterschiedliche Kombination von Risikoeinstellung und Nebenbedingungen (Nachhaltigkeit, Fremdwährung, Emerging Markets) ergeben sich bei Smavesto® derzeit über zweihundert mögliche Portfoliokonstruktionen. In seinem Depot findet der Anleger nach der Auswahl im Durchschnitt fünf – maximal sieben – ETFs und ETCs, die Smavesto® nach den individuellen Vorgaben des Kunden optimal zusammengestellt hat.[10]

---

[9] https://www.roboadvisor-portal.com/passiver-robo-advisor-etfs-und-fixes-portfolio/. Zugegriffen am 13.08.2021.

[10] https://www.smavesto.de/vermoegensverwaltung/anlagekonzept/. Zugegriffen am 17.08.2021.

9.4.2   Ziele des Roboadvisors Smavesto

Der Robo-Advisor Smavesto® verfolgt einen aktiven Ansatz der Risikostreuung. Das Unternehmen wurde 2017 als 100 % Tochter der Sparkasse Bremen AG vor dem Hintergrund einer gestiegenen Nachfrage nach digitalen Produkten sowie als Ergänzung zur klassischen Anlageberatung gegründet. Nach einer 2018 folgenden Pilotierung des Projekts wurde Smavesto® im Jahr 2019 der Öffentlichkeit vorgestellt. Aus Kundengesprächen ergab sich das Ziel einer einheitlichen Plattform. Eine praktische und einfache Nutzung der mobilen Anwendung soll gewährleistet werden.

Es findet ein Umbau statt: Smavesto® soll Kunden eine einheitliche Plattform anbieten – weitere Funktionen sollen hinzugefügt werden. Im gleichen Jahr kann der erste Meilenstein erreicht werden: Smavesto® kann sich als Robo-Advisor mit einem aktiven Risikostreuungsansatz im Handelsblatt als Testsieger durchsetzen. Auch zukünftig wird weiter an den Zielen gearbeitet. In Planung sind bereits Depots für Minderjährige und die Integration von Auszahlungsplänen. Der Fokus wird weiterhin auf der mobilen Anwendung bleiben. So sollen die wichtigsten Informationen und Funktionen schneller erreichbar werden. Anlegerinnen und Anleger, welche sich Nachhaltigkeit als zentrales Kriterium ihrer Geldanlage gesetzt haben, sollen ebenfalls ein umfassendes Produktspektrum in Anspruch nehmen können.[11]

9.4.3   Implementierung von Sustainable Finance

Smavesto® bietet die Möglichkeit, eine nachhaltige Vermögensverwaltung nach Artikel 8 der o.g. Transparenzverordnung abzuschließen. Bereits im Anmeldeprozess wird den Kunden angeboten, ausschließlich in nachhaltige Finanzprodukte zu investieren. Auch die Vermögensanlage in nicht ausschließlich nachhaltige Anlageformen ist bei Smavesto® möglich. Diese Vermögensverwaltung entspricht dann allerdings nicht den Anforderungen nach Art. 8 der Transparenzverordnung. Über die Details informiert eine eigens definierte Nachhaltigkeitsrichtlinie. Mit dieser Richtlinie soll der Anspruch und das Verständnis im Hinblick auf nachhaltige Anlageprodukte im Rahmen einer digitalen Vermögensverwaltung bei Smavesto® umgesetzt werden, sowie ein Leitfaden für regulatorische Vorgaben erschaffen werden. Die Nachhaltigkeitsrichtlinie wird regelmäßig von der Geschäftsführung überprüft und bei Bedarf auf neue Entwicklungen, Einflüsse und Erkenntnisse angepasst.

Nachhaltigkeit in der Geldanlage ist für den Robo-Advisor über die Bewertung einer Fülle von Kriterien für Ökologie, Soziales und Ethik messbar. In der Kategorie Environment wird vor allem bewertet, wie ein Unternehmen mit der Ressourcenknappheit, dem Klimawandel, mit Wasser, Artenvielfalt und Umweltverschmutzung umgeht. Unter

---

[11] https://www.smavesto.de/vermoegensverwaltung/geschichte/. Zugegriffen am 17.08.2021.

Social fallen die Themen Produktsicherheit, Gesundheit, Mitarbeiter- und Menschenrechte sowie demografischer Wandel.

Der Bereich Governance, sprich eine gute Unternehmensführung, schließt Risiko- und Reputationsmanagement, Transparenz, Compliance und Aktionärsrechte ein. Um den Umgang mit Nachhaltigkeit in Unternehmen zu beurteilen, wendet Smavesto® mit der MSCI-Methodik von BlackRock die eines der führenden ETF-Anbieter weltweit an. Mithilfe dieser ESG-Kriterien können Anleger, in Kombination mit weiteren Kennzahlen, ihre Investition umfassend auf Nachhaltigkeitskriterien prüfen. Smavesto® charakterisiert sich ebenfalls durch eine nachhaltige Unternehmensführung und bekennt sich zu einer nachhaltigen Geschäftätigkeit mit ethischen, sozialen und umweltbezogenen Zielen. Aktiv eingesetzt wird sich zudem für die Erreichung der Ziele des Pariser Klimaabkommens.

Smavesto® ermöglicht bei der Zusammenstellung eines Portfolios nicht nur von den Chancen des Sustainable Finance zu profitieren, sondern ermöglicht gleichzeitig, angesichts von Klimawandel, Ressourcenknappheit und zunehmenden sozialen Herausforderungen auch eine verantwortungsbewusste Geldanlage.[12]

9.4.4 Implementierung einer künstlichen Intelligenz

Auf der Online-Präsenz von Smavesto® wurde ein eigens eingerichteter Bereich zur Veranschaulichung der implementierten Künstlichen Intelligenz (KI) geschaffen.[13] Die bei Smavesto® implementierte Künstliche Intelligenz agiert anders als die meisten menschlichen Anleger. Sie liest weder Bilanzen, noch bewertet sie Produkte oder Kennzahlen. Stattdessen kennt die KI nur Diagramme. Die KI sammelt im ersten Schritt automatisch Marktdaten. Sie erkennt die vergangenen Kursverläufe vieler hunderter Wertpapiere. Daran lernt sie, wie sich die Papiere in bestimmten Märkten und Marktsituationen verhalten und gegenseitig beeinflussen.

In welchen Situationen fallen welche Wertpapiere um wie viel Prozent – und was passierte vorher? Anhand dieser Daten berechnet sie Risiko- und Ertragsprognosen. Einige Muster in den Kursverläufen sind dann „Entscheidungssignale". Wenn die Künstliche Intelligenz eines dieser Muster erkennt, das bei einem bestimmten Wertpapier mit hoher Wahrscheinlichkeit für fallende Kurse sorgt, reagiert sie entsprechend. Es gibt übergeordnete Muster, die das Verhalten eines ganzen Marktes in kurz- bis mittelfristiger Zukunft verändern. Diese Muster heißen Marktregime. In volatilen Marktregimen verkürzt die Künstliche Intelligenz ihren Prognose- und Anlagehorizont. Das bedeutet, dass sie in turbulenten Marktsituationen kleinere Zeitabstände genau „scannt". Dieses Vorgehen

---

[12] Nachhaltigkeitsrichtlinie von Smavesto® (PDF-Version unter https://www.smavesto.de/vermoegensverwaltung/geschichte/. Zugegriffen am 17.08.2021).

[13] https://www.smavesto.de/magazin/artikel/-mit-machine-learning-digital-geld-anlegen/. Zugegriffen am 17.08.2021.

verhindert, dass die Künstliche Intelligenz vorschnell reagiert, wenn die Wertpapiere ein wenig im Kurs schwanken.

In ruhigen, positiven Phasen nimmt die Künstliche Intelligenz eher die Vogelperspektive ein. Denn da bedeuten kleinere Schwankungen oft nichts: Der Trend nach oben bleibt, trotz ein bis zwei Ausreißern nach unten. Es handelt sich dann um Schwankungen, die innerhalb des übergeordneten, guten Marktregimes stattfinden. Bei unruhigen, negativen Marktsituationen lohnt es sich, genau hinzuschauen: Ist das wirklich der Beginn einer neuen Marktsituation? Etabliert sich diese Stimmung gerade, oder ist sie nur ein etwas längeres Kursgewitter, das sich wieder beruhigt? Da diese unruhigen Märkte schwerer zu berechnen sind als die ruhigen, versucht die Künstliche Intelligenz in diesem Moment gar nicht erst, langfristig zu prognostizieren. Durch die Möglichkeit, riesige Datenmengen fehlerfrei zu verarbeiten, ist die Künstliche Intelligenz dem Menschen in dieser Hinsicht überlegen. Denn die Kurse des weltweiten Kapitalmarktes derart umfassend und kontinuierlich zu überprüfen, ist für Menschen unmöglich.

Zusammenfassend lässt sich festhalten, dass eine Künstliche Intelligenz und ihre Rechenleistung immer dann dem Menschen überlegen ist, wenn es um Daten, Zahlen und Fehlerquoten geht. Die Künstliche Intelligenz von Smavesto® lernt zudem eigenständig dazu. Das funktioniert durch Machine Learning. Machine Learning ist ein Teilgebiet der Künstlichen Intelligenz und dafür zuständig, neue Daten zu sammeln, sie zu ordnen und so anzuwenden, dass sie bessere Entscheidungen ermöglichen. Diese neuen Daten muss das Machine Learning so weiterverarbeiten, dass die Künstliche Intelligenz in der Zukunft daraus Handlungen ableiten kann. Eine Künstliche Intelligenz mit Machine Learning reagiert also selbstständig auf Situationen, die es zum Zeitpunkt ihrer Programmierung noch gar nicht gab, auf Basis von Informationen, die sie nach ihrer Programmierung neu gelernt hat.[14]

9.4.5 Kommunikation und Vermarktung

Die Einführung von Sustainable Finance bei Smavesto® erforderte eine umfassende strategische Kommunikation. Der erste Schritt beinhaltete die interne Kommunikation. Hierfür wurden folgende Maßnahmen durchgeführt:

• Information

Die Mitarbeiterinnen und Mitarbeiter wurden über die Ziele, Strategien und Instrumente der Sustainable Finance-Implementierung bei Smavesto® informiert.

---

[14] https://handelskammer-magazin.de/magazine-page/finanztechnologie-made-in-bremen/. Zugegriffen am 17.08.2021.

- Schulungsmaßnahmen

Es folgte eine Phase der Vorbereitung auf die Kommunikation gegenüber Kundinnen und Kunden über die Darstellung der neuen Prozesse (unter anderem zur Dokumentation der Ergebnisse aus den folgenden Kundengesprächen) sowie zur Klärung von Fragen.

- Interne Organisation

Weiterhin folgten zeitnahe Anpassungen von Anweisungen, Handbüchern und Gesprächs-leitfäden. Die Einführung des Sustainable Finance bot ebenfalls eine Gelegenheit zur externen Kommunikation gegenüber Kundinnen und Kunden. Hiermit können mehrere Ziele erreicht werden:

- Externe Information

Regulatorische Auflagen wie die Information über die Anpassung von Geschäftsbedingun-gen wurden im Rahmen der externen Kommunikation erledigt.

- Image

Imagefördernde Herausstellung der Verantwortung für die Umwelt und das Zusammenle-ben der Menschen.

- Kundenbindung

Abschließend erfolgten Maßnahmen zur Stärkung der Kundenbeziehung durch externe Nutzenargumentationen.

9.5   Ausblick

Nach einer Zusammenfassung der Beurteilung der aktuellen Situation in Abschn. 9.5.1, nimmt Abschn. 9.5.2 Bezug auf die kommenden Jahre und ruft zu einer weiterführenden Behandlung der Thematik im wissenschaftlichen Kontext auf.

9.5.1   Beurteilung der aktuellen Situation

Die Beschäftigung mit Sustainable Finance stößt in der Finanzwelt einen Prozess des Um-denkens in den Unternehmen an. Sowohl die Geschäftsführung, als auch die Belegschaft fördern mit ihrem Involvement die Entwicklung zu nachhaltigeren und risikoärmeren Geschäftsmodellen. Das Arrangement von Smavesto®, sich mit den Elementen des

Sustainable Finance auseinanderzusetzen und diese weitreichend in der eigenen Unternehmensstrategie anzuwenden, fördert das auf Nachhaltigkeit beruhende Gesamtkonzept des Robo-Advisors.

Die positiven Effekte der Integration von Sustainable Finance in der Unternehmensstrategie von Smavesto® setzen einen verhältnismäßig geringen Mehraufwand voraus. Die Entwicklung und Beschreibung der Nachhaltigkeitsrichtlinien verlangen Zeit und vor allem Kreativität. Die Strategie und das Konzept zur Umsetzung müssen kontinuierlich mit dem operativen Geschäft abgestimmt und im gesamten Unternehmen umfassend kommuniziert werden, sodass eine vertriebliche Verwertung der Informationen erfolgen kann. Dieser Aspekt beinhaltet darüber hinaus eine umfassende Aufbereitung der Nachhaltigkeitsaspekte mit Hilfe von erweiterten Darstellungen, Präsentationen und Dokumentationen.

Die Lieferung der MSCI-ESG-Datensätze führte bislang zu überschaubaren Aufwendungen. Kontinuierliche externe Analysen durch unabhängige Dritte (*Handelsblatt*, *Wirtschaftswoche* und *Finanztest*) wurden genutzt um Schwachpunkte zu beseitigen und Optimierungsspielräume auszunutzen. Die aktuellen Pläne der Europäischen Union machen eine weitere Verschärfung der Anforderungen an die Unternehmen im Finanzdienstleistungssektor sehr wahrscheinlich, sodass es sich rückblickend betrachtet als richtig erwiesen hat, rechtzeitig, mittels entsprechender Vorbereitung, eine aussagekräftige und anspruchsvolle Nachhaltigkeitsrichtlinie bei Smavesto® einzuführen, welche bei der Umsetzung der Anforderungen und Vorgaben unterstützt. Bislang konnte die Implementierung nebst Einhaltung der Nachhaltigkeitsvorgaben, eingebettet in das Gesamtkonzept einer digitalisierten Vermögensverwaltung, sich medial umfassend verwerten lassen (Kampagnen bei *LinkedIn*, Werbung im Fernsehen) und resultierte in einem deutlich wahrnehmbaren Gewinn des Images.

9.5.2 Handlungsempfehlung

Durch die Eingrenzung der betrachteten Thematik auf das Praxisbeispiel Smavesto® bietet dieser Artikel umfassenden Raum für weiterführende wissenschaftliche Case-Studies. Diese können sich exemplarisch auf andere Produkte von Banken und Finanzdienstleistern beziehen und gegebenenfalls weiterführende Erkenntnisse zu den Herausforderungen und Lösungen, die im Zusammenhang mit den Herausforderungen des Sustainable Finance bestehen, gewinnen. Weiterführend ist es denkbar, nicht nur die Elemente „Herausforderungen" und „technologische Lösungen" zu betrachten, sondern im Rahmen einer ganzheitlichen Betrachtung ebenfalls einen Ausblick auf neue Produkte und Dienstleistungen, beispielsweise nachhaltige Indizes, welche ihre enthaltenen Einzelwerte nach umfassenden Attributen den Sustainable Finance strukturieren, zu geben. Daraus resultierende Erkenntnisgewinne können auf den europäischen oder auch internationalen Raum ausgeweitet werden. Im Rahmen des zugrundeliegenden Themengebiets wäre es überdies möglich, neuartige Produkte in Bezug auf die soziodemographischen Merkmale der

Nutzer zu untersuchen, um konkretere Zielgruppen zu erhalten, die es mit ausgewählten Marketingmaßnahmen zu erreichen gilt.

Mit diesem Artikel wird somit zusammenfassend deutlich, dass sich die wissenschaftliche Forschung der strukturellen Veränderung der nachhaltigen Finanzierung öffnen muss, um aktuelle und zukünftige Entwicklungen betrachten zu können. Es sollten neue innovative Anbieter, Dienstleister sowie deren Produkte und Dienstleistungen in den Forschungsprozess eingebunden werden, um im wissenschaftlichen Kontext Rückschlüsse auf strukturelle Veränderungen innerhalb der Entwicklung des Sustainable Finance schließen zu können.

Quoniam: Wirkungsorientiertes Investieren am Beispiel eines quantitativen Asset-Managers

Mara Schneider und Luis Severien

Die EU hat sich dem Ziel des Pariser Klimaabkommens und den Nachhaltigkeitszielen der UN (SDGs) verschrieben. Um diese Ziele erfüllen zu können, hat sie 2018 durch den Aktionsplan für ein nachhaltiges Finanzwesen einen Rahmen für Impact Investment geschaffen. Trotz einer fehlenden eindeutigen Definition von Impact und einer unvollständigen EU-Taxonomie sind 2020 in Deutschland nachhaltige Kapitalanlagen mit wirkungsorientierten Anlagestrategien gewachsen. Zur Messung von Wirkung dienen hierbei, neben dem Pariser Klimaabkommen und den Umweltzielen der EU-Taxonomie, die 17 Sustainable Development Goals (SDGs) als Rahmenwerk für wirkungsorientiertes Investieren.

Daten über die Einhaltung von SDGs von Unternehmen werden von verschiedenen internationalen Datenanbietern erhoben. Der Vergleich der Methodiken zur Messung zeigt Gemeinsamkeiten in der Bewertung der Wirkung von Produkten und Dienstleitungen auf die SDGs sowie die Berücksichtigung der Wertschöpfungskette und Kontroversen. Im Folgenden werden die Vor- und Nachteile dieser Methodik erläutert sowie Einblicke in die Datenverteilung und -auswertung gegeben.

Besonders als quantitativer Asset-Manager ist es eine Herausforderung, auf Basis der aktuellen Datengrundlage mit liquiden Assets wirkungsorierte Lösungen anzubieten. Die aus der Analyse der Daten gewonnenen Erkenntnisse sollen als Starthilfe bei der Integration von SDGs in Anlagestrategien dienen und einen Einblick geben, welche Ansätze institutionelle Kunden bei einer Berücksichtigung von SDGs wählen.

M. Schneider (✉) · L. Severien
Quoniam Asset Management GmbHFrankfurt am Main, Deutschland
E-Mail: Mara.Schneider@quoniam.com; Luis.Marcilla@quoniam.com

© Der/die Autor(en), exklusiv lizenziert an Springer Fachmedien Wiesbaden GmbH, ein Teil von Springer Nature 2022
B. M. Abdel-Karim, F. X. Kollmer (Hrsg.), *Sustainable Finance*,
https://doi.org/10.1007/978-3-658-36389-5_10

10.1 Regulatorik als Treiber von Impact Investments

In Deutschland wuchs der Anteil nachhaltiger Fonds und Mandate 2020 um 35 % auf 248 Mrd. Euro.[1] Die am verbreitetsten angewendeten Anlagestrategien sind hierbei vorrangig Ausschlüsse, normbasierte Screenings, ESG-Integration und -Engagement. Das Schlusslicht bilden laut Marktbericht immer noch nachhaltige Themenfonds sowie Impact Investment.[2] Nach einer rückläufigen Phase in 2019, ist Impact Investment in Deutschland um 104 % auf 16,6 Mrd. Euro angestiegen. Insgesamt wenden nur 14,6 % der nachhaltigen Fonds und Mandate die Anlagestrategien nachhaltiger Themenfonds sowie Impact Investment an. Im Vergleich hierzu finden Ausschlüsse zu 93 % Anwendung. Wirkungsorientiertes Investieren in Form von nachhaltigen Themenfonds sowie Impact Investment ist also aktuell noch unterrepräsentiert, hält jedoch allmählich Einzug in nachhaltige Anlagestrategien. Zukünftig ist zu erwarten, dass dieser Anteil zunimmt, da durch Berichtspflichten Transparenz von nachhaltigen Finanzprodukten mit wirkungsorientierten Investitionen geschaffen wird.

Seit 2015 ist die EU bestrebt Maßnahmen zu ergreifen, um die UN-Ziele der Sustainable Development Goals (SDGs) und des Pariser Klimaabkommens zu erreichen. Dafür hat sie im Rahmen des Aktionsplans für ein nachhaltiges Finanzwesen zwei wesentliche Verordnungen verabschiedet, um wirkungsorientiertes Investieren zu fördern. Dabei soll die EU-Offenlegungsverordnung Transparenz im Vertrieb und in der Berichterstattung von nachhaltigen Produkten schaffen. Diese umfasst zwei Kategorien von nachhaltigen Produkten: Produkte mit Bezug zu ESG (Art. 8 OffVO) und Produkte mit einem Beitrag zu den Umweltzielen der EU-Taxonomie (Art. 9 OffVO). Investoren können durch systematische Transparenzanforderungen Unterschiede in Anlagestrategien erkennen und sich zwischen verschiedenen Ansätzen der Wirkungsmessung entscheiden.

Die EU führt als Ansatz zur Wirkungsmessung vorranging die EU-Taxonomie ein, um sechs Umweltziele in den Fokus von Wirkung zu stellen. Hierzu gehören Klimaschutz, Anpassungen an den Klimawandel, Kreislaufwirtschaft, nachhaltige Nutzung von Meeresressourcen, Vermeidung und -minderung von Umweltverschmutzung sowie Schutz der Biodiversität. Als Marktstandard haben sich diese Umweltziele noch nicht etablieren können, da ihre Einführung im Jahr 2021 zunächst nur mit den ersten beiden Zielen Klimaschutz und Anpassung an den Klimawandel beginnt. Die mit den beiden Zielen verbundenen Maßstäbe zur Berechnung einer Wirkung sind von den Unternehmen anzuwenden und in ihren Jahresberichten zu veröffentlichen. Hierbei hat die EU bestimmte

---

[1] Marktbericht Nachhaltige Geldanlagen 2021. Abgerufen am August 2021 von Forum für Nachhaltige Geldanlagen: www.forum-ng.org/fileadmin/Marktbericht/2021/FNG_Marktbericht2021_Online.pdf. Zugegriffen am 07.03.2022.

[2] Mit „Impact Investitionen" beabsichtigt man neben einer positiven finanziellen Rendite, positive Auswirkungen auf die Umwelt oder die Gesellschaft zu erzielen. Die soziale bzw. ökologische Wirkung ist Teil der Investmentstrategie und wird gemessen. „Wirkungsorientiere Investitionen" wird synonym verwendet.

Sektoren identifiziert, die durch eine Umsetzung einen möglichst hohen Beitrag zur Erreichung der Ziele leisten können. Letztendlich setzt die EU durch die Umweltziele der EU-Taxonomie einen inhaltlichen Schwerpunkt auf ökologische Themen. Zur effektiven Umsetzung von wirkungsorientierten Anlagestrategien lässt die Regulatorik dabei aber eine klare Definition von „Impact", also Wirkung, offen. Dies ist zunächst unproblematisch, da „jede Investition direkt oder indirekt Wirkung auf Umwelt und Gesellschaft hat" und es somit grundsätzlich „keine wirkungsfreien respektive Impact-neutralen Investments" geben kann.[3]

Bereits vorhandene Ansätze zur Wirkungsmessung sind die SDGs und das Pariser Klimaabkommen. Letzteres hat in den vergangenen Monaten durch eine Vielzahl von hieraus entstandenen Interessensverbänden, wie beispielweise der Net Zero Asset Manager Initiative, an Bedeutung gewonnen. Die Wirkungsmessung verfolgt neben der CO_2-Reduktion anhand eines 1,5 Grad Zieles auch Risiken der Unternehmen, die sich durch Klimawandel ergeben. Der Fokus liegt hierbei allein auf Klimawandel und stellt somit die Relevanz dieses spezifischen Ziels sicher, vernachlässigt jedoch dadurch die Komplexität von Nachhaltigkeit. Neben dem Pariser Klimaabkommen rücken die 17 SDGs seit der Einführung und Ablösung der Millennium Development Goals im Jahr 2015 immer mehr in den Mittelpunkt von wirkungsorientiertem Investieren. Sie spielen eine zentrale Rolle, da sie eine Zielsetzung für eine nachhaltige Zukunft anhand von sozialen sowie ökologischen Kriterien anbieten. Die Wirkung wird auf Basis von 169 Unterzielen und 232 Indikatoren messbar gemacht und hat im Gegensatz zu den Umweltzielen der EU-Taxonomie bereits global Anerkennung gefunden. Darüber hinaus werden durch die SDGs auch die Umweltziele der EU-Taxonomie sowie Maßnahmen für das Pariser Klimaabkommen abgedeckt. Die Tab. 10.1 gibt einen Überblick über die Ansätze zur Wirkungsmessung.

10.2 SDG als Rahmenwerk

Erste nachhaltige Trends im globalen Asset Management Markt offenbaren eine Auswertung der Namen von globalen Publikumsfonds auf Basis der Daten des Anbieters Morningstar. Hierfür wurden die Schlagwörter in Kontext zu Impact gewählt, die im Zusammenhang mit der EU-Taxonomie, dem Pariser Klimaabkommen und den SDGs stehen. Im Jahr 2019 wurden demnach deutlich mehr Investmentfonds mit „Impact" und „SDG" im Fondsnamen aufgelegt als mit „Klima" oder „Carbon". Die Effekte der Regulatorik zeigen sich im Jahr 2020, indem deutlich mehr Fonds mit dem Schlagwort „Klima" beziehungsweise „Climate" aufgelegt wurden. Tendenziell lässt sich für die

---

[3] Marktbericht Nachhaltige Geldanlagen 2021. Abgerufen am August 2021 von Forum für Nachhaltige Geldanlagen: www.forum-ng.org/fileadmin/Marktbericht/2021/FNG_Marktbericht2021_Online.pdf. Zugegriffen am 07.03.2022.

Tab. 10.1 Übersicht der Ansätze zur Wirkungsmessung

	Pariser Klimaabkommen	EU-Taxonomie	Sustainable Development Goals
Einführung	2015	2020	2015
Stellung	Global	EU	Global
Zielsetzung	Erderwärmung auf unter 2 Grad halten	6 Umweltziele darunter: – Klimaschutz – Anpassung an den Klimawandel	17 Ziele darunter: – Kein Hunger – Keine Armut – Klimaschutz – Erneubare Energien
Messung	Reduktion von GHG-Emissionen anhand von einem 1,5 Grad Szenario Technische Standards für jedes Umweltziel.	169 Unterziele und 232 Indikatoren.	

Tab. 10.2 Auswertung von Namen globaler Publikumsfonds nach Schlagwörtern. Morningstar, Stand Juni 2021, in Millionen Euro

Schlagwörter/Aufgelegt Fonds	2019	2020	2021 H1
Impact	38	55	41
SDG	11	10	8
Klima/Climate	13	52	43
Carbon	6	1	6

Schlagwörter „Impact" sowie „Klima" ein steigender Trend ablesen, der sich im Jahr 2021 höchstwahrscheinlich fortsetzen wird. Seit 2019 sind insgesamt 279 Fonds mit wirkungsorientiertem Investment von 36 Mrd. Euro aufgelegt worden. Die Tab. 10.2 zeigt die Auswertung globaler Publikumsfonds nach Schlagwörtern.

Bei drei Fonds konnte eine Überschneidung bei den Schlagwörtern „Impact" und „Klima" sowie zwei Fonds für „Impact" und „Carbon" identifiziert werden. Darüber hinaus sind „Impact" und „SDG" nicht sehr trennscharf. Die Durchsicht der „Impact"-Fonds hat ergeben, dass neben den klar erkennbaren „SDG"-Fonds auch einige „Impact"-Fonds die SDGs berücksichtigten. Somit können die beiden Kategorien „SDG" und „Impact" nahezu als eine gemeinsame Gruppe verstanden werden.

Während die EU-Taxonomie für wirkungsorientierte Investments noch in den Kinderschuhen steckt, dienen die SDGs bereits international als Rahmenwerk. Laut einer global angelegten Studie zu wirkungsorientierten Investitionen von institutionellen Investoren nutzen 73 % der Befragten (insgesamt 404 Milliarden Dollar Assets under Management in Bezug auf, dass durch Asset Manager in Fonds verwaltetes Vermögen) das SDG-Rahmenwerk im Zuge ihrer Impact Investitionen.[4] In Anlagestrategien können sowohl

---

[4] Siehe hierzu die Webseite https://thegiin.org/research/publication/impinv-survey-2020. Zugegriffen am 07.03.2022.

alle 17 Ziele als auch Gruppen von Zielen berücksichtigt werden. In dem Zusammenhang gaben Befragte an, bis zu 8 verschiedene SDGs zu verfolgen. Dem gegenüber geht aus einer Analyse für den europäischen Markt hervor, dass etwas mehr als die Hälfte der größten Asset Owner (im Kontext von Investoren/investierende Akteure wie z. B. Finanzinstitute, Staaten, Unternehmen) ihre Wirkung auf die SDGs berichten. Von den 119 Befragten gaben 80 Asset Owner an, dass die SDGs Teil ihrer Anlagestrategie sind, indem sie als Orientierungsrahmen dienen. Bei einer Auswahl von SDGs liegt der Fokus insbesondere auf den Zielen 8 (Menschenwürdige Arbeit und Wirtschaftswachstum), 11 (Nachhaltige Städte und Gemeinden) und 13 (Maßnahmen zum Klimaschutz). Insgesamt erkennen Marktteilnehmer wirkungsorientiertes Investieren als Zukunftsthema an und sehen sich gleichzeitig der Herausforderung gestellt, die Wirkung ihrer Geldanlage mess- und steuerbar zu machen. Um Investitionen in SDGs quantifizierbar und zielführend zu gestalten, ist die Erhebung von Daten zu Beiträgen auf die SDGs wesentlich. Dies thematisierte auch der UN-Bericht 2020, welcher innovative Lösungen bei der Datenverfügbarkeit und -qualität fordert. Mit steigendem Interesse an Impact Investitionen und dem Druck durch Regulatorik steigt zugleich auch der Bedarf an Transparenz. Einige Unternehmen haben bereits jetzt die Wesentlichkeit der SDGs erkannt und berichten ihren Beitrag zu den SDGs aus Eigeninitiative. Darunter auch 69 % der NASDAQ100-Unternehmen, die innerhalb ihrer Sustainability Reports mehrheitlich über ihren positiven Beitrag zu den SDGs berichten.[5] Jedoch fehlen noch konkrete Verknüpfung zwischen den SDGs und Unternehmenszielen sowie einheitliche Berichtsstandards.

Zur Erreichung der SDGs bis 2030 wird es demnach notwendig sein, dass ein möglichst großer Anteil der globalen Investitionen einen Beitrag hierzu leisten. Der Finanzsektor steht nun vor der Herausforderung auf Basis derzeitiger Informationen Entscheidungen für Impact-Investitionen zu tätigen. Zu diesem Zweck haben sich in den letzten Jahren verschiedene Methodiken etabliert, Auswirkungen auf die SDGs messbar zu machen. Aufgrund der Komplexität und Heterogenität vieler Wirkungsmechanismen, steckt diese Aufgabe allerdings noch in einer Phase kontinuierlicher Entwicklung und Veränderung und bedarf einer fortwährenden Analyse, Erschließung und Aggregation neuer Datenquellen.

10.3   Nachhaltiges Investieren für Quoniam

Quoniam Asset Management (Quoniam) ist eine quantitative Asset Management Boutique, die durch die Nutzung einer Vielzahl von Daten modellbasierte Investitionsentscheidungen trifft. 2012 verpflichtete man sich zu den Leitlinien der PRI, einem Rahmenwerk der UN für verantwortungsbewusstens Investieren. Innerhalb des Investmentprozesses werden für die Assetklassen Aktien und Anleihen Nachhaltigkeitskriterien berücksich-

---

[5] Siehe hierzu die Webseite https://home.kpmg/xx/en/home/insights/2020/11/the-time-has-come-survey-of-sustainability-reporting.html. Zugegriffen am 07.03.2022.

tigt. Hierfür kommen unterschiedlichste Methoden innerhalb der Anlagestrategien zum Einsatz. Darunter fällt der Ausschluss von kontroversen Geschäftsfeldern und -praktiken und die Integration von ESG-Kriterien in die Auswahl der Titel zur Erreichung von Zielsetzungen gegenüber der ausgewählten Benchmark. Darüber hinaus wird auch das aktive Engagement[6] mit Fokus auf Unternehmensdialoge und Stimmrechtsausübungen verfolgt.

Geprägt von den Kundenbedürfnissen ihrer institutionellen Kunden hat Quoniam gemessen an ihren Assets under Management knapp 45 % dezidiert nachhaltig gemanagte Mandate und deckt für alle ihre Mandate Mindeststandards ab. Besonders internationale Kunden haben sich in der ESG-Thematik stark weiterentwickelt und fordern mehr als nur die reine Betrachtung von Nachhaltigkeitsindikatoren im Risikomanagement. Um diesen Bedarf an nachhaltigen Anlagestrategien zu erfüllen, werden unterschiedlichste Arten an ESG-Daten bezogen. Hierzu gehört neben dem Controversies Score, das ESG-Rating und ESG-Metriken mit Bezug zu Umwelt, wie beispielsweise CO_2-Emissionen, auch das SDG Impact Rating.

10.4 Methodik zur Messung der SDGs

Traditionell verwenden viele Datenanbieter Informationen zu Produkt- und Dienstleistungskategorien, um Umsätze entsprechend deren SDG-Beitrag zu klassifizieren. Oft ist es allerdings fraglich, ob das reine Angebot eines Produktes oder einer Dienstleistung positive Einstufungen rechtfertigt. So lassen sich beispielsweise viele der Umsätze eines Pharmakonzerns dem Ziel „Gesundheit und Wohlergehen" (SDG 3) zuordnen. Kontroverse Preispraktiken oder das Angebot von Dienstleistungen nur in bestimmten, wohlhabenden Regionen verhindern aber oft einen tatsächlichen positiven Beitrag. Vermehrt werden daher auch Betriebsvorgänge, Kontroversen und geografische Aspekte in derartigen Bewertungen berücksichtigt.

Zu Betriebsvorgängen gehört unter anderem die Reduktion von Externalitäten entlang der Wertschöpfungs- und Lieferkette, der Produktion und des Lebenszyklus eines Produktes. Die meisten Datenanbietern verwerten hierfür ESG-Rating bezogene Daten die industriespezifische Aspekte berücksichtigen. Dies hat jedoch den Nachteil, dass hierdurch eher Status Quo Informationen verwendet werden statt Informationen, die eine zukünftige Entwicklung bewerten. Kontroversen dienen zusätzlich als Wert, um bei Verstößen von beispielsweise ethischen Normen wie Menschenrechte und Arbeitgeberrechte keine rein

---

[6] Engagement bzw. auch Active Ownership bezieht sich auf die Stimmrechtsausübung von Aktionären, wodurch sie berechtigt sind auf Hauptversammlungen Beschlüsse abzustimmen. Darüber hinaus nutzen Asset-Manager mit einem hohen Investitionsvolumen den direkten Dialog mit Unternehmen um unter anderem auf Nachhaltigkeitsthemen Einfluss zunehmen.

positive Bewertung zuzulassen. Diese Daten liegen den Datenanbietern meistens bereits vor und werden bei der SDG Impact Messung berücksichtigt.

Dabei wird das sogenannte Nettoprinzip angewendet. Erzielen die Summe aus Kontroversen und Betriebsvorgänge sowie der Auswirkung des Produktes beide positive oder negative Werte, wird jeweils der höchste positivste beziehungsweise niedrigste negative Wert gewählt. Bei einer Mischung aus positiven und negativen Werten werden diese gemittelt. Dieses „Netting" wird vor allem bei der Aggregation der Daten verwendet, wodurch die Aussagekraft, auf welche SDGs tatsächlich eine Wirkung gemessen wurde, verwässert (Tab. 10.3).

Insgesamt haben sich die Datenanbieter in ihrer Methodik über die letzten Jahre angeglichen. Nichtsdestotrotz kann die Datengrundlage und Aggregation dazu führen, dass die SDG-Daten ähnlich wie bei ESG-Ratings, eine geringe Korrelation aufweisen können (Henriksson et al., 2019). Umso wichtiger wird in dem Kontext die Auseinandersetzung mit den Daten, um die Integration in einen Investmentprozess sinnvoll zu gestalten.

Für eine quantitative Anlagestrategie spielt es in erster Linie keine Rolle, welcher Branche oder geographischer Region ein Unternehmen entspringt.[7] Um diese Neutralität der Investmentstrategie gewährleisten zu können, muss die Datengrundlage hierfür entsprechend ausgeglichen beschaffen sein. Bei genauerer Betrachtung der SDG-Daten,[8] fällt jedoch eine deutlich ungleiche Verteilung der verfügbaren Daten auf. So liegen nur für halb so viele Unternehmen aus dem asiatischen Raum SDG-Daten vor wie für nordamerikanische Unternehmen. Ein ähnliches Bild ergibt sich bei der Analyse nach Branchen und Unternehmensgrößen. Die Abb. 10.1 zeigt die Verteilung der Unternehmensgrößen.

Hierbei handelt es sich um ein in der Wissenschaft nicht unbekanntes Phänomen (Richardson et al., 2021; Greenland et al., 2016), dass auch bereits bei Daten mit ESG-Bezug beobachtet wurde (Drempetic et al., 2020). Die Gründe für diese Schieflage lassen sich zwar beispielsweise durch die verfügbaren finanziellen Mittel eines Unternehmens oder die Höhe des öffentlichen Drucks erklären (Drempetic et al., 2020). Dennoch trübt dies den klaren Blick der Strategie bei der Auswahl der Unternehmen, da bei Annahme einer statistischen Gleichverteilung des Impact-Ratings von vornherein bestimmten Ländern und Branchen im Portfolio deutlich überwiegen werden. Es könnte daher bei der Auswahl von Emittenten sinnvoll sein, Kontingente pro Region und Branchen einzuführen, wenn eine dateninduzierte Schieflage des Portfolios verhindert werden soll.

Ein weiterer logischer Schritt bei der Voranalyse der Daten ist ein tieferer Blick in die Wertebereiche der Impact-Ratings, in diesem Falle nach Industrien unterteilt. Wie zu erwarten sein könnte, zahlen manche Industrien durchschnittlich stärker auf

---

[7] Im Nachgang können diese je nach Ausrichtung der Strategie sowie nach Wunsch der Investoren bewusst gewichtet werden.

[8] Im Folgenden wird sich mit dem Begriff SDG-Daten auf die Daten des Anbieters ISS ESG bezogen, welche den Zeitraum August 2020 bis Juli 2021 abdecken und die Grundlage der Auswertungen bilden.

Tab. 10.3 Vergleich von Methodiken ausgewählter Datenanbieter zur Messung der SDG

Datenanbieter	S&P Trucost	MSCI	ISS ESG	Vigeo Eiris (Moody's)
Produktname	Sustainable Development Goals (SDGs) Analytics	SDG Alignment	SDG Impact Rating	SDG Alignment Screening
Abdeckung Assetklasse	3500 Unternehmen	8600 (10.300) Unternehmen	9600 (6500) Unternehmen	5000 Unternehmen
Definition	Ausrichtung an SDG	Ausrichtung an SDG	Auswirkung auf SDG	Auswirkung auf SDG
Methodik	SDG-ausgerichtete Umsätze -Gewichtung der SDG- Umsätze durch einen Ländermultiplikator (Nutzenfaktor) -Bewertung von SDG- Risiken entlang der Wertschöpfungskette	-Bewertung der Produkte und Dienstleistung -Bewertung der Unternehmensführung (Richtlinien, Zielsetzungen, etc.)	-Bewertung der Produkte und Dienstleistung (SDGs 8, 9 und 17 sind hiervon ausgeschlossen) - Wertschöpfungskette und Externalitäten -Kontroverse Geschäftspraktiken und Umgang hiermit -Sektorspezifische Klassifikationen	-Beitrag zu SDGs: Bewertung von Produkten und Dienstleistungen sowie Kontroversen – Unternehmensführung: Betrachtung des ESG-Assessments sowie kontroverse Risiken
Skala	SDG-Anteil am Umsatz; 0- 100 für SDG-Risiken	−10 bis + 10	−10 bis + 10	−10 bis + 10
Datenquelle(n)	-EORA26 input-output model: SDGI-O	-MSCI: Sustainable Impact Metrics -MSCI: Business Involvement Screening -ISS ESG: SDG Solution Assessment -ISS ESG: ESG Corporate Rating-MSCI: ESG Rating -MSCI: ESG Metrics -MSCI: ESG Controversies	- ISS ESG: SDG Solution Assessment - ISS ESG: ESG Corporate Rating	Nicht offengelegt

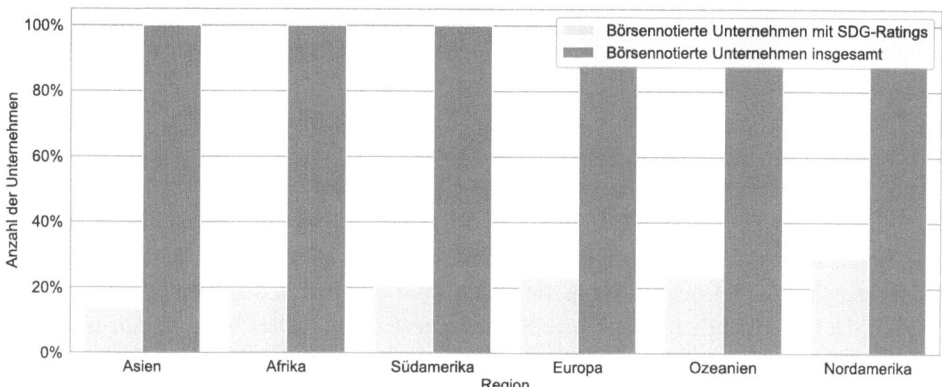

Abb. 10.1 Verteilung der Unternehmen mit SDG-Impact Rating nach Regionen

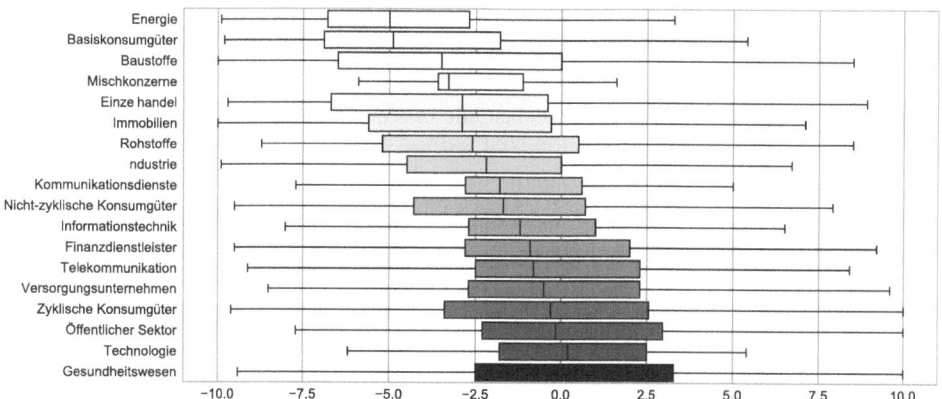

Abb. 10.2 Wertebereiche der SDG Impact-Ratings unterteilt nach GICS-Industrien weltweit

Nachhaltigkeitsziele ein als andere. Hierbei handelt es sich nicht um eine Schieflage der Daten; dies könnte jedoch dazu führen, dass ein hieraus entstehendes Portfolio sich in wenigen Branchen konzentriert (De Franco et al., 2021). Wenn strikt nach dem bestem Impact-Rating investiert wird, würde in diesem Fall hauptsächlich in Aktien von Unternehmen aus dem Gesundheitswesen und dem Technologie-Sektor investiert werden. Dies ist bei SDG-orientierten Anlagestrategien in der Praxis auch tatsächlich der Fall (Martí-Ballester, 2020). Die Abb. 10.2 zeigt den Wertebereich der SDG Impact-Ratings unterteilt nach GICS-Industrien weltweit.

Wird solch eine Allokation jedoch unbewusst eingegangen, kann hieraus eine unentdeckte Risikoquelle entstehen (Heinrich et al., 2021). Ist ein Portfolio in bestimmten Branchen übergewichtet, profitiert dieses weniger von positiven Diversifikationseffekten. Steigt beispielsweise die Volatilität einer Branche, die im Portfolio überrepräsentiert ist, kann dies auch zu einer überproportionalen Erhöhung der Volatilität des Gesamtportfolios führen. Diese Herausforderung trifft nicht nur auf verschiedene Industriebereiche, sondern auch auf geografische Regionen und Länder zu (Cavaglia et al., 2000). Auch hier ist eine mögliche Lösung das Einführen von Kontingenten mit Obergrenzen beispielsweise pro Industrie oder Region.

10.5   Spezifische Erkenntnisse aus SDG-Daten

Die Kennzahl des SDG Impact Ratings, fußt auf den Ratings der 17 einzelnen SDGs. Blickt man hier eine Ebene tiefer in die Daten, lässt sich nur in den Werten von wenigen Einzel-SDG eine deutlich erkennbare Streuung feststellen.[9] Dies weist darauf hin, dass die Einzelwerte der verschiedenen SDGs nicht auf der kompletten Werteskala verteilt und tendenziell an bestimmten Stellen agglomeriert sind. Besonders deutlich ist dies bei den SDGs Life Below Water, Quality Education und Zero Hunger zu erkennen, welche fast immer den Wert 0 haben. Das bedeutet, dass es kaum Unternehmen gibt, die positiv oder negativ auf diese Ziele einzahlen. Weiterhin ist zu erkennen, dass besonders bei SDGs mit Werten im positiven Wertebereich, die Spanne der Werte konzentrierter ist. Dies würde bedeuten, dass bei diesen Einzel-SDGs fast alle untersuchten Unternehmen einen ähnlich positiven Beitrag für das entsprechende Ziel leisten. Hierbei handelt es sich hauptsächlich um SDGs aus dem Bereich gesellschaftlicher Herausforderungen. Bei SDGs mit einem negativen Median ist der Abstand zwischen den Quartilen größer, die Daten zeigen also einen wesentlich differenzierten Beitrag der verschiedenen Unternehmen auf diese Ziele. Dies ist insbesondere für ökologische und operative Ziele der Fall. Die Abb. 10.3 illustriert die Wertebereiche der einzelnen SDGs über alle Unternehmen weltweit.

Deutlicher erkennbar werden diese Wertkonzentrationen bei einem Vergleich der durchschnittlichen Einzel-SDGs pro Industrie. Hierbei zeichnet sich ein deutlich homogeneres Bild ab. Die in Abb. 10.4 sichtbaren horizontalen Reihen lassen erkennen, dass

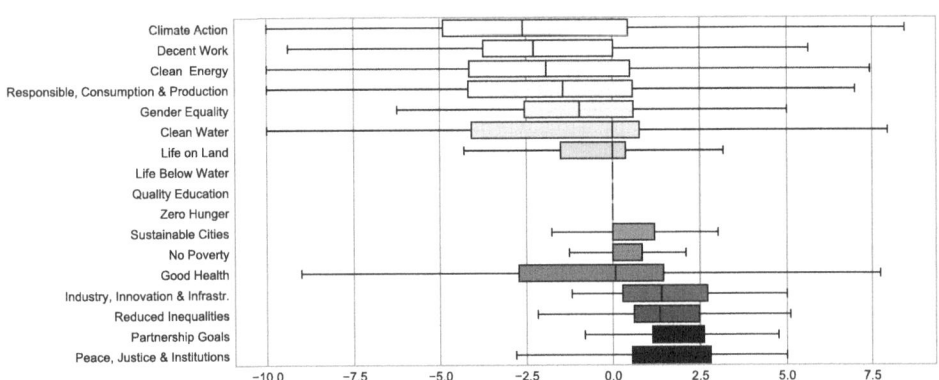

Abb. 10.3 Wertebereiche der einzelnen SDGs über alle Unternehmen weltweit

---

[9] Die durchschnittliche Varianz beträgt 4,67 bei einer Werteskala von −10 bis 10.

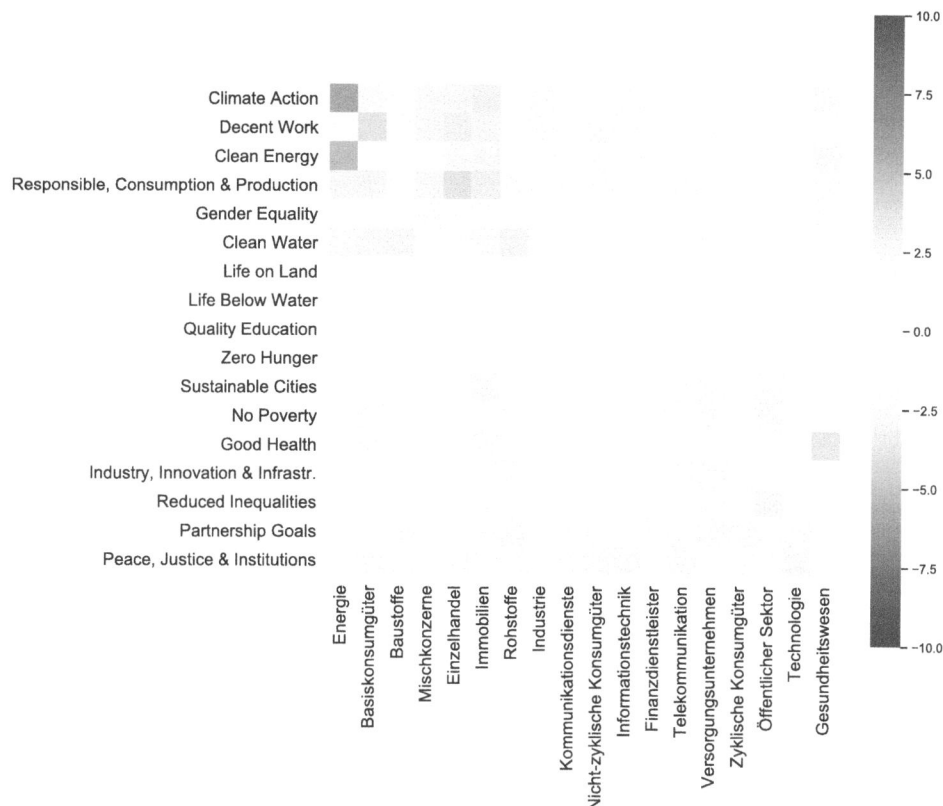

Abb. 10.4 Ratings der 17 SDGs nach Industrien weltweit

einige SDGs, über alle Branchen hinweg sehr ähnliche Werte aufweisen, z. B. Quality Education oder Reduced Inequalities. Dies trifft insbesondere für SDGs zu, welche sich im positiven bis neutralen Bereich bewegen. SDGs mit negativen Branchendurchschnitten, wie beispielsweise Clean Energy oder Climate Action, weisen ein differenzierteres Bild auf, da hier ein Großteil der Werteskala abgedeckt wird. Dies stimmt mit den in Abb. 10.3 beobachteten konzentrierten bzw. ausgewogenen Wertebereichen überein, obwohl in Abb. 10.2 erkennbar ist, dass das aggregierte SDG-Impact Rating über die Industrien hinweg durchaus variiert. Die Abb. 10.5 gibt Aufschluss über die Ratings der 17 SDGs nach Industrien.

Der Ursprung dieser Werteverteilung könnte strukturell sein, was bedeuten würde, dass alle Branchen im Schnitt gleich wenig oder viel für die Erreichung eines Ziels leisten. Auch die Methodik des Datenanbieters kann ein Grund für die Homogenität in den Daten sein. Möchte man jedoch mit einer Anlagestrategie gezielt einzelne SDGs verfolgen, sollte diese Eigenschaft in den Daten genauer untersucht werden und potenziell auf Rohdaten zurückgegriffen werden. Gleichzeitig erleichtern SDGs mit einer sehr homogenen Verteilung über Branchen hinweg den Einsatz einer quantitativen Anlagestrategie. Wenn

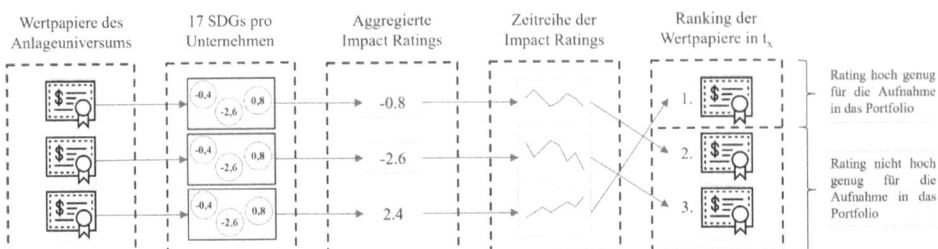

Abb. 10.5 Von SDG-Daten zur Anlagestrategie

alle Branchen einen ähnlich positiven Einfluss auf ein einzelnes SDG haben, das gezielt verfolgt werden soll, besteht bei der Auswahl der Unternehmen eine wesentlich niedrigere Gefahr einer Schieflage im Portfolio.

10.6 Von SDG-Daten zur Anlagestrategie

Die meisten Anlagestrategien implementieren Nachhaltigkeitskriterien durch ESG-Screening und ESG-Integration. Das heißt, dass ESG-Faktoren nicht zur primären Aktienselektion, sondern erst in einem nachgelagerten Schritt zum Einsatz kommen (Van Duuren et al., 2016). Nachdem die zu handelnden Wertpapiere ermittelt wurden, werden nachträglich Titel, welche den gewählten Kriterien nicht entsprechen von der List der zu tätigenden Handel gestrichen. Hierdurch werden bewusst Unternehmen, welche bestimmte ESG-Faktoren verletzten ausgeschlossen. Allerdings kann der positive Einfluss auf Nachhaltigkeitsziele der Unternehmen, die auf der Handelsliste verbleiben nicht quantifiziert werden. Gewissheit besteht nur darüber, dass der Großteil ihrer Umsätze nicht aus nachhaltigen Quellen generiert werden. Diese Problematik kann durch den Einbezug von SDG-Daten gelöst werden, beispielsweise als Teil einer quantitativen Anlagestrategie.

Um zu verstehen welche wichtige Rolle Daten in quantitativen Anlagestrategien spielen, lohnt sich ein genauerer Blick auf deren Aufbau. In einer quantitativen Anlagestrategie soll eine möglichst große Anzahl potenzieller Zielunternehmen[10] analysiert werden. Um dies zu gewährleisten, werden diese anhand verschiedener quantifizierbarer Faktoren betrachtet, statt sie wie in einer fundamentalen Anlagestrategie einer qualitativen Analyse zu unterziehen (Scherer and Winston, 2011). Aus allen betrachteten Kennzahlen entsteht in einem nächsten Schritt eine aggregierte Gesamtbewertung – auch Signal genannt – welche für die finalen Investitionsentscheidungen genutzt wird. Dieses Signal besitzt zudem eine Zeitkomponente, wird also in einem regelmäßigen Turnus berechnet. Das Ergebnis ist eine Zeitreihe an Signalen für jedes Unternehmen im Anlageuniversum, anhand derer im

---

[10] Öffentlich gelistete Emittenten der Wertpapiere, die im Rahmen der Anlagestrategie gekauft werden. Weltweit sind aktuell rund 41.000 an öffentlichen Börsen notiert (OECD 2019).

gewünschten Handelsintervall entschieden werden kann, welche Wertpapiere gekauft oder verkauft werden sollen.[11] Die Datengrundlage hat also schlussendlich einen erheblichen Einfluss auf die Qualität der Investitionsentscheidungen innerhalb einer quantitativen Anlagestrategie.

Um ein Signal für eine SDG-Strategie zu erzeugen, könnte man beispielsweise monatlich die aktuellen Ratings der 17 SDGs pro Unternehmen gleichgewichtet zusammenfassen. Hierdurch entsteht ein aggregiertes Impact-Rating pro Unternehmen in einem monatlichen Intervall, das als Signal fungiert. Darauf basierend können in einem monatlichen Zyklus die Unternehmen mit dem besten Rating (stärksten Signal) herausgefiltert und deren Aktien gekauft werden. Ist das Wertpapier eines Unternehmens, dass aufgrund dessen SDG-Impacts gekauft werden soll bereits im Portfolio, wird dieses nicht erneut hinzugekauft. Befindet sich ein Unternehmen bereits im Portfolio, dessen SDG-Impact unter die Grenze der besten Ratings fällt, wird das entsprechende Wertpapier[12] wieder verkauft. Hierdurch wäre sichergestellt, dass das sich daraus ergebende Portfolio nur Wertpapiere von Unternehmen enthält, welche zum jeweiligen Zeitpunkt am stärksten auf SDGs einzahlen. Diese Grundstrategie kann nun in vielerlei Weise verfeinert werden, so könnte beispielsweise eine andere Heuristik zur Berechnung des aggregierten SDG-Werts oder eine andere Frequenz zur Ermittlung des Signals gewählt werden.

Die Realität der Anwendung von SDG-Daten als Signal für eine quantitative Anlagestrategie zeigt, dass die Qualität der Daten hinsichtlich Frequenz und Vergleichbarkeit aktuell keinen alleinigen Einsatz als Signal erlauben. Stattdessen werden zusätzlich zu den SDG-Daten als Beimischung weitere zukunftsgerichteten Daten verwendet. Hierzu dienen beispielsweise Patentdaten, die einen Bezug zu den SDGs haben und in der Zukunft einen gesellschaftlichen und finanziellen Mehrwert erzielen können. Zusätzlich bestimmt die Zielsetzung der jeweiligen Geschäftsführung zu SDGs die Ausrichtung des Unternehmens und den Beitrag zu den einzelnen SDGs.

10.7 Impact Investing in liquiden Assetklassen

Obgleich es in der wissenschaftlichen Literatur zunehmend von Nachhaltigkeit als Investmentfaktor gesprochen wird wie beispielsweise in den Arbeiten von Hua Fan and Michalski (2020) oder Melas et al. (2017) handelt es sich bei einem SDG-Signal nicht um die Isolation einer Renditequelle. Vielmehr strebt der Einsatz einer solchen Strategie die gezielte Förderung von Unternehmen an, welche gesellschaftlichen Mehrwert schaffen. Dies macht SDG zu einem untypischen Signal, da dessen Erfolg in einer anderen

---

[11] Der besseren Lesbarkeit halber wurden weitere Zwischenschritte bis zum finalen Trade, wie die Generierung der Alphas sowie die Portfolio-Optimierung nicht erwähnt.

[12] Im Folgenden ist mit Wertpapier eine an öffentlichen Märkten gehandelte Aktie eines Unternehmens gemeint.

Kennzahl als Rendite gemessen wird. Der Einsatz von SDG-Daten als Signal in der Praxis führt zur naheliegenden Abwägung zwischen Rendite und positivem Einfluss auf SDGs als Strategieziel (Pedersen et al., 2021). Die Lösung ist hierbei dem SDG-Signal kenditeorientierte Signale beizumischen. Beispiele hierfür sind Aktien-Stile, wie Value, Momentum oder Small Cap. So kann die Anlagestrategie gleichzeitig und messbar verschiedene Ziele anpeilen und der Schwerpunkt dynamisch alloziert werden. Darüber hinaus hat das Mischen des SDG-Signals mit etablierten Aktiensignalen den Vorteil, dass diese wesentlich besser erforscht sind und auf zukunftsgerichteten Daten fußen, was bei SDG-Daten nur bedingt der Fall ist.

Für liquide Assetklassen[13] ist eine Wirkungsmessung im gleichen Maße, wie es bei Private Equity und Venture Capital der Fall ist, mit hohem Aufwand verbunden.[14] Bei Anlagestrategien in liquiden Märkten kann lediglich der Grad der Exponierung auf Unternehmen, die einen Beitrag zur Erreichung der SDGs leisten können, gemessen werden. Diese Einschränkungen gelten ebenso in den Bemühungen über Umsatzbeiträge von Unternehmen, die im Zusammenhang mit den SDG stehen, nachhaltige Investitionen zu bemessen. Diese Werte fallen derzeit noch sehr gering aus und konzentrieren sich stark auf einzelne SDG. Asset-Manager können zunächst auf zwei Arten Einfluss auf Firmen nehmen, um eine tatsächliche Wirkung zu erreichen. Zum einen lässt sich durch die Verfolgung eines Active Ownership Ansatzes in einen engeren Dialog mit Unternehmen treten, um langfristig Einfluss auf die Auswirkungen der Unternehmen auf die SDGs zu nehmen. Zum anderen können über ein breites einheitliches Investitionsverhalten von mehreren Asset-Managern die Finanzierungskosten für Unternehmen mit positivem Impact auf SDGs verringert werden.[15] Derselbe Effekt der Unternehmen am Aktienmarkt zugutekommt, ist bei Unternehmensleihen problematisch, da deren Zinsen fix sind und sich nicht an einen steigenden Marktwert anpassen können. Um dieser Entwicklung entgegenzuwirken wurden „Social Bonds", „Social-Impact Bonds", „Sustainability Bonds" und „Green Bonds" entwickelt, welche gezielt nachhaltige Projekte des jeweiligen Emittenten finanzieren sollen (Flammer, 2021; Park, 2018). Untersuchungen haben gezeigt, dass diese Wertpapiere vor allem von langfristigen Investoren gekauft werden und somit keinen rapiden Preisanstiegen unterworfen sind.

---

[13] Liquide Anlageklassen sind Werte, welche an öffentlichen Märkten gehandelt werden und Fonds, welche hauptsächlich in solche Werte investieren, beispielsweise Aktien oder Anleihen.

[14] Hier werden hohe Minderheits- oder Mehrheitsanteile von Unternehmensanteilen auf einmal erworben, so dass die Geschäftsführung des Unternehmens aktiv gesteuert werden kann. Somit sind den erwerbenden Fonds auch alle internen Kennzahlen des Unternehmens zugänglich, sodass die Auswirkungen von beispielsweise umweltfreundlichen Maßnahmen wesentlich direkter beobachtbar sind.

[15] Wenn viele Marktteilnehmer dasselbe Wertpapier kaufen wollen, steigt ceteris paribus dessen Preis. Dies kann durch den Momentum-Effekt von Aktien mit steigenden Marktwerten noch zusätzlich verstärkt werden (Subrahmanyam, 2020).

10.8   Der Weg bis 2030: Fazit und Ausblick

Um die SDGs bis 2030 über möglichst viele unterschiedliche Wege zu erreichen müssen noch einige Hürden überwunden werden. Durch die Regulatorik wird das Spielfeld für wirkungsorientiere Investitionen zumindest größer gezogen, die entsprechenden Anlage-strategien, die dieses angemessen bespielen, müssen sich jedoch erst noch entwickeln. Während einige Vorreiter über Private Equity und Venture Capital den Pfad gelegt haben, setzen sich Asset Manager wie Quoniam damit auseinander, wie über liquide Assetklassen wirkungsorientierte Investitionen erreicht werden können. Die dafür zur Verfügung stehende Datengrundlage muss in der Historie noch wachsen und zeigt aktuell noch Verbesserungspotential hinsichtlich der Frequenz und der Detailtiefe auf. In der Auswertung von SDG-Daten werden Schieflagen bezüglich der Marktabdeckung sowie teilweise stark homogene Werte in den Einzel-SDGs deutlich. Dies fordert bei aktueller Verwendung in einem Investmentprozess eine tiefgründige Auseinandersetzung mit den Daten und den jeweiligen Methodiken der Datenanbieter. Die Motivation als Investor diese Bestrebung zu verfolgen ist vor allem mit gesellschaftlichen Zielen verbunden, welche den finanziellen Zielen übergeordnet werden. Diese Haltung hat in Deutschland bereits in den letzten Jahren an Zuwachs gewonnen und wird tendenziell steigen – auch aufgrund regulatorischer Anforderungen.

Um ein Umdenken in der Finanzbranche zu erreichen, muss die Notwendigkeit für wirkungsorientierte Investitionen steigen und damit verbunden sich auch die Qualität der Wirkungsmessung verbessern. Dies wird sich tendenziell über die Datenverfügbarkeit und -vielfalt entwickeln, aber auch durch eine Sensibilisierung der Unternehmen und Transparenz in der Offenlegung von Auswirkungen auf SDGs. Kodifizierte Standards zur Erhebung solcher Daten würden zudem zu einer Vereinheitlichung der Maßgrößen führen, welche aktuell über Anbieter hinweg selbst nur schwer vergleichbar sind. Für quantitative Asset-Manager bedeuten Daten mit Nachhaltigkeitsbezug wie SDG, dass sie ihre Strategiesignale anreichern können, um die Wirkung durch die gekauften Unterneh-menswerte genauer zu messen und darüber auch gezielteres Engagement zu betreiben. So sind große Marktteilnehmer dem Ziel bewusster und nachhaltiger zu investieren einen wesentlichen Schritt näher gekommen – auch durch die Nachfrage von Investoren getrieben. Ebendiese wird in den nächsten Jahren darüber entscheiden wie stark sich Kapitalströme am nachhaltigen Handeln eines Unternehmens orientieren werden.

Literatur

Cavaglia, S., Brightman, C., and Aked, M. (2000). The increasing importance of industry factors. *Financial Analysts Journal*, 56(5):41–54.

De Franco, C., Nicolle, J., and Tran, L.-A. (2021). Sustainable investing: Esg versus sdg. *The Journal of Impact and ESG Investing*.

Drempetic, S., Klein, C., and Zwergel, B. (2020). The Influence of Firm Size on the ESG Score: Corporate Sustainability Ratings Under Review. *Journal of Business Ethics*, 167(2):333–360.

Flammer, C. (2021). Corporate green bonds. *Journal of Financial Economics*, 142(2):499–516.

Greenland, S., Mansournia, M. A., and Altman, D. G. (2016). Sparse data bias: a problem hiding in plain sight. *BMJ*, 352.

Heinrich, L., Shivarova, A., and Zurek, M. (2021). Factor investing: alpha concentration versus diversification. *Journal of Asset Management*, pages 1–24.

Henriksson, R., Livnat, J., Pfeifer, P., and Stumpp, M. (2019). Integrating esg in portfolio construction. *The Journal of Portfolio Management*, 45(4):67–81.

Hua Fan, J. and Michalski, L. (2020). Sustainable factor investing: Where doing well meets doing good. *International Review of Economics & Finance*, 70(C):230–256.

Martí-Ballester, C.-P. (2020). Financial performance of sdg mutual funds focused on biotechnology and healthcare sectors. *Sustainability*, 12(5):2032.

Melas, D., Nagy, Z., and Kulkarni, P. (2017). Factor investing and esg integration. In *Factor Investing*, pages 389–413. Elsevier.

Park, S. K. (2018). Social bonds for sustainable development: A human rights perspective on impact investing. *Business and Human Rights Journal*, 3(2):233–255.

Pedersen, L. H., Fitzgibbons, S., and Pomorski, L. (2021). Responsible investing: The esg-efficient frontier. *Journal of Financial Economics*, 142(2):572–597.

Richardson, D. B., Cole, S. R., Ross, R. K., Poole, C., Chu, H., and Keil, A. P. (2021). Meta-analysis and sparse-data bias. *American journal of Epidemiology*, 190(2):336–340.

Scherer, B. and Winston, K. (2011). *The Oxford handbook of quantitative asset management*. OUP Oxford.

Subrahmanyam, A. (2020). Equity market momentum: A synthesis of the literature and suggestions for future work. *Pacific-Basin Finance Journal*, 51(1):291–296.

Van Duuren, E., Plantinga, A., and Scholtens, B. (2016). Esg integration and the investment management process: Fundamental investing reinvented. *Journal of Business Ethics*, 138(3):525–533.

Nachhaltigkeitsbewertung im Fondsgeschäft mittels Natural Language Processing

11

Alexandra Zoller und Marco Becker

Nachhaltigkeit ist für Banken zu einem essentiellen Bestandteil ihres Wertpapiergeschäfts geworden. In diesem Kapitel wird behandelt, wieso Nachhaltigkeit im Fondsgeschäft so wichtig für Finanzmarktteilnehmer ist und wie die Nachhaltigkeit von Fonds gemessen wird. Aufgrund der begrenzten Verfügbarkeit von standardisierten, quantitativen Daten, ist die Bewertung von Anlageprodukten im Hinblick auf ESG-Kriterien eine besondere Herausforderung. Moderne Ansätze des Natural Language Processing (NLP), aus dem Bereich des Machine Learnings stellen eine vielversprechende Lösungsmöglichkeit dar. In diesem Kapitel werden daher Grundlagen und Anwendungsbeispiele des NLP im Kontext der ESG-Analyse vorgestellt.

11.1 Nachhaltigkeit als branchenübergreifender Trend

Nachhaltigkeit ist ein Trend, der sich weltweit und über alle Branchen hinweg beobachten lässt. Viele namenhafte Unternehmen haben Nachhaltigkeit in ihren Unternehmenszielen

A. Zoller (✉)
INGFrankfurt am Main, Deutschland

M. Becker
RWTH Aachen UniversityAachen, Deutschland
E-Mail: marco.becker@rwth-aachen.de

© Der/die Autor(en), exklusiv lizenziert an Springer Fachmedien Wiesbaden GmbH, ein Teil von Springer Nature 2022
B. M. Abdel-Karim, F. X. Kollmer (Hrsg.), *Sustainable Finance*,
https://doi.org/10.1007/978-3-658-36389-5_11

verankert[1] und bieten ihren Kunden nachhaltige Produkte und Dienstleistungen an. Der Sportartikel Hersteller Nike zum Beispiel, hat sich mit seiner Kampagne „Move to Zero" vorgenommen den CO_2-Ausstoß und Abfall bei der Produktion von neuen Artikeln auf Null zu reduzieren. Im Rahmen dieser Kampagne bietet das Unternehmen seinen Kunden Produkte mit speziellen Nachhaltigkeits-Lables an, welche zu Teilen aus Recycling-Materialien gefertigt werden.[2] Auch in anderen Industrien lassen sich solche Beispiele finden. Die Automobilindustrie produziert für ihre Kunden nachhaltige Produkte in Form von Elektrofahrzeugen oder durch das Angebot von Carsharing. Große Einzelhändler organisieren ihre Logistik-Ketten nachhaltig, um Produkte mit möglichst geringem CO_2-Footprint anbieten zu können und Energieversorger bieten Tarife an, bei denen der Endverbraucher ausschließlich mit Ökostrom gespeist wird. Die Forderung nach nachhaltigen Konzepten und Produkten kommt auch und vor allem aus der Politik, wie das Umweltbundesamt anmerkt.[3] Um zukünftige Wähler zu gewinnen, müssen Parteien Programme und Initiativen vorstellen, die sich mit den Interessen junger Wähler decken. Umfragen zeigen dabei deutlich, dass Klimaschutz und Nachhaltigkeit zu den Top-Interessen dieser Wählergruppe gehören, wie in Abb. 11.1[4] gezeigt.

11.2 Nachhaltigkeit in der Finanzbranche

Auch in der Finanzbranche ist der Trend zur Nachhaltigkeit längst Teil von Unternehmensleitlinien, -zielen und täglichen Diskussionen um neue Produkte und Prozesse. Die Norddeutsche Landesbank z. B. gab im Juni 2021 bekannt, dass sie ihr Engagement im Bereich „Erneuerbare Energien" ausweitet und mit 80 Millionen Euro den Bau eines Windparks in Polen finanziert.[5] Bei der Deutschen Bank können Kunden in der hauseigenen App seit Ende 2020 den „CO_2-Indikator" nutzen, mit dessen Hilfe sie auf Basis der aggregierten Daten von Konten, Karten und Transaktionen ihren persönlichen CO_2-Fußabdruck ermitteln lassen können.[6] Die UBS bietet ihren Kunden eine nachhaltige Kreditkarte an, die zu 80 Prozent aus dem ökologisch abbaubaren Plastikersatz PLA

---

[1] Wie der Blick in die Pressmitteilung der Unternehmen zeigt, beispielsweise https://purpose. nike.com/2025-targets,   https://www.volkswagenag.com/presence/nachhaltigkeit/documents/ sustainability-report/2020/Nichtfinanzieller_Bericht_2020_d.pdf,   und   https://www.basf.com/ global/de/who-we-are/sustainability.html. Zugegriffen am 07.03.2022.

[2] https://www.nike.com/de/nachhaltigkeit. Zugegriffen am 07.03.2022.

[3] https://www.umweltbundesamt.de/themen/nachhaltigkeit-strategien-internationales/ nachhaltigkeit-in-der-politik. Zugegriffen am 07.03.2022.

[4] https://www.pwc.de/de/offentliche-unternehmen/wir-muessen-reden-ueber-nachhaltigkeit.pdf. Zugegriffen am 07.03.2022.

[5] https://www.nordlb.de/fileadmin/redaktion/Presse/pdf/2021/PI_Windpark_in_Polen.pdf. Zugegriffen am 07.03.2022.

[6] https://www.db.com/news/detail/20210601-deutsche-bank-app-co2-ausstoss-anzeigen-lassen-und-ausgleichen?language_id=3. Zugegriffen am 07.03.2022.

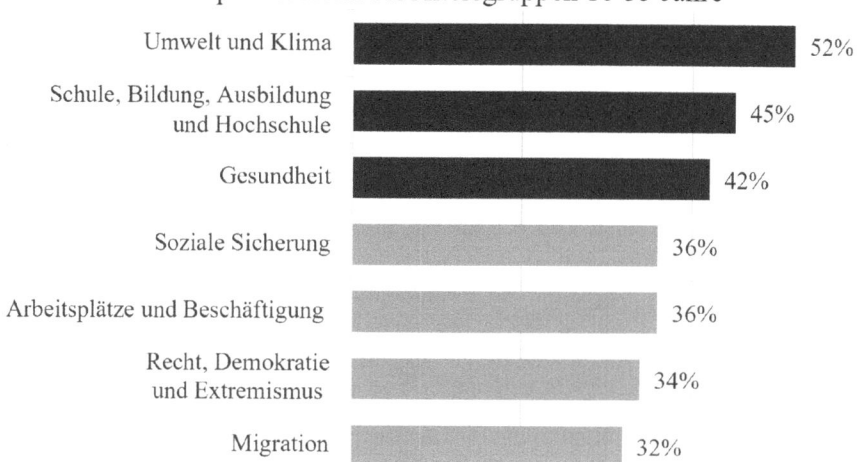

Die Top-Interessen der Altersgruppen 16-35 Jahre

Abb. 11.1 Top-Interessen junger Wähler

besteht und von deren Umsätzen die UBS jährlich 0,75 Prozent an eine Kinderhilfsorganisation überweist.[7] Auch bei der ING Deutschland finden sich nachhaltige Produkte im Portfolio, wie z. B. „Kleingeldplus" oder der „ING Autokredit mit Umweltbonus". Mit „Kleingeldplus" können Kunden bei jeder Zahlung mit ihren Karten krumme Beträge ganz automatisch aufrunden und als Unterstützung an die Projekte eines gemeinnützigen Vereins spenden, der sich für Schutz, Erhalt und Pflege des Waldes einsetzt. Der „ING Autokredit mit Umweltbonus" ermöglicht es, für jede Finanzierung eines Elektro-, Hybridautos oder E-Bikes fünf Bäume pflanzen zu lassen und sich außerdem noch günstigere Zinsen für den Kredit zu sichern.[8] Das große Engagement für Nachhaltigkeit in der Finanzbranche wird neben der Kundennachfrage vor allem auch durch Behörden und Regulatoren getrieben. Die Europäische Bankenbehörde stellte im Juni 2021 etwa die Forderung, dass Europas Geschäftsbanken einen Zehn-Jahres-Plan für ihren Umgang mit Klimarisiken vorlegen sollen.[9] Zu solchen Risiken gehören Ereignisse, deren Eintreten tatsächlich oder potenziell negative Auswirkungen auf die Vermögens-, Finanz- und Ertragslage sowie auf die Reputation des Finanzmarktteilnehmers haben können. Hierzu zählen z. B. Schäden an Gebäuden, die etwa durch Hochwasser oder Sturm verursacht werden können, aber auch durch Extremwetterlagen hervorgerufene Lieferkettenausfälle,

---

[7] https://www.ubs.com/ch/de/private/accounts-and-cards/creditcards/special.html. Zugegriffen am 07.03.2022.

[8] https://www.ing.de/hilfe/online-services/kleingeld-sparen/bergwald-projekt/ und https://www.ing.de/kredit/autokredit-umweltbonus/. Zugegriffen am 07.03.2022.

[9] https://www.eba.europa.eu/sites/default/documents/files/document_library/Publications/Reports/2021/1015656/EBA%20Report%20on%20ESG%20risks%20management%20and%20supervision.pdf. Zugegriffen am 07.03.2022.

welche Absatz und Produktionsmengen vieler Branchen beeinflussen und so indirekt zu höheren Kreditausfällen frühen können.[10]

11.3 Bedeutung von ESG für das Fondgeschäft

Besonders betroffen von Nachhaltigkeits-Regularien ist das Investment- und Fondsgeschäft der Finanzbranche. Als Reaktion auf das Pariser Klimaabkommen 2016 veröffentlichte die Eurpäische Kommission im März 2018 einen Aktionsplan zur Finanzierung nachhaltigen Wachstums. Im Mai 2018 verabschiedete die Kommission ein Maßnahmenpaket zur Umsetzung dieses Aktionsplans. Dieses Maßnahmenpaket beinhaltet unter anderem die sogenannte Taxonomie-Verordnung. Hinter der Taxonomie-Verordnung verbirgt sich ein System, nach dem Unternehmen und deren Produkte, Dienstleistungen oder Handlungen nach ihrer ökologischen Nachhaltigkeit klassifiziert und bewertet werden können. Zur Klassifizierung werden die sogenannten ESG-Kriterien genutzt. Um die Nachhaltigkeit eines Unternehmens zu beurteilen, werden hierbei nicht nur Faktoren wie Umwelt und Klima (**E**nvironment), sondern auch die Erreichung sozialer Ziele (**S**ocial) sowie vorhandene Aufsichtsstrukturen (**G**overnance) miteinbezogen Abb. 11.2 (gem. Verodnung (EU) 2020/852 des Europäischen Parlaments und des Rates).

Wie nachhaltig die Investmentstrategie eines Fonds ist, ist natürlich abhängig von der Nachhaltigkeit der Unternehmen, deren Aktien Bestandteil des jeweiligen Fonds sind. Um sogenanntes Greenwashing, also eine Strategie mit der Unternehmen versuchen sich „*durch Geldspenden für ökologische Projekte, PR-Maßnahmen o. Ä. als besonders*

Umwelt   **Soziales**   **Unternehmensführung**
(Environment)   **(Social)**   **(Governance)**

- Umweltpolitik   - Arbeitsbedingungen   - Verhaltenskodex
- Artenvielfalt   - Menschenrechte   - Bestechung und
- Klimaschutz   - Personalentwicklung   Korruption
- Ressourcen   - Sicherheit und   - Compliance
                          Gesundheit   - Risikomanagement

Abb. 11.2 Beispiele ESG Kriterien

---

[10] https://assets.kpmg/content/dam/kpmg/xx/pdf/2021/05/esg-risks-in-banks.pdf. Zugegriffen am 07.03.2022.

umweltbewusst und umweltfreundlich darzustellen"[11] zu vermeiden, gibt es seit 2014 eine EU-Richtline gem. Richtlinie 2014/95/EU und seit 2017 darauf aufbauend die sogenannte CSR-Berichtspflicht börsennotierter Unternehmen in Europa gem. Gesetz zur Stärkung der nichtfinanziellen Berichterstattung der Unternehmen in ihren Lage- und Konzernberichten (CSR-Richtlinie-Umsetzungsgesetz). Börsennotierte Unternehmen sind seit dem dazu verpflichtet regelmäßig Nachhaltigkeitsberichte zu veröffentlichen, welche Informationen zu ESG-Kriterien wie Umwelt-, Sozial- und Arbeitnehmerbelangen sowie Informationen zur Achtung der Menschenrechte und zur Bekämpfung von Korruption und Bestechung beinhalten. Um zu gewährleisten, dass Firmen die angegebene ESG-Kriterien tatsächlich einhalten, haben sich Kontrollinstanzen in Form von ESG-Ratingagenturen gebildet. Diese Agenturen sammeln Informationen zu Umweltschutz, Unternehmensführung und sozialen Zielen eines Konzerns oder Unternehmens und stellen diese für Fondsgesellschaften, Banken und andere Investoren in Form von Berichten und ESG-Ratings zur Verfügung.[12] Nach dem sogenannten „Best-in-Class"-Ansatz entstehen dann regelrechte Bestenlisten, die Unternehmen bzw. Unternehmensaktien beispielsweise in die Top 3 einer Branche, eines Landes oder einer Anlageklasse einordnen.

11.4 Kritik an ESG und die Einführung der Sustainable Finance Disclosure Regulation

Durch fehlende Standards und Vergleichbarkeit kann es bei unterschiedlich ESG-Ratingagenturen bisweilen allerdings zu unterschiedlichen ESG-Rating-Einstufungen desselben Unternehmens kommen, da jede Agentur im Aufbau ihres Ratings mehr oder minder frei ist. So könnte ein Ölförderungs-Unternehmen, das eigentlich schlechte Umweltkriterien aufweist, bei Ratingagentur A trotzdem ein gutes ESG-Rating bekommen, wenn die Sozial- und Governance-Faktoren als sehr gut bewertet werden und bei Agentur B ein sehr schlechtes ESG-Rating, da hier eventuell mehr Fokus auf Umweltfaktoren gelegt wird. Außerdem ist das Fehlen von Ausschlusskriterien an sich einer der Hauptkritikpunkte an der Taxonomieverodnung und den bestehenden ESG-Kriterien. Ein waffenproduzierendes Unternehmen kann innerhalb eines ESG-Ratings als nachhaltigstes seiner Branche bewertet werden. Dabei ist die Branche an sich ein Widerspruch zu den Nachhaltigkeitsprinzipien. Da Finanzmarktteilnehmer, wie zum Beispiel Fondsanbieter, für die Einstufung ihrer Fonds häufig auf ESG-Ratings zurückgreifen führt die geringe Vergleichbarkeit der Ratings bisher zu einer gewissen Unsicherheit am Markt. Begleitet wird die Taxonomieverordnung daher von der Offenlegungsverordnung auch Sustainable Finance Disclosure Regulation (kurz SFDR) genannt,

---

[11] https://www.duden.de/rechtschreibung/Greenwashing. Zugegriffen am 07.03.2022.
[12] https://www.dein-geld-anlegen.de/esg-rating-agenturen-uebersicht/sustainalytics.   Zugegriffen am 07.03.2022.

die schrittweise ab März 2021 umgesetzt werden soll. Diese Verordnung richtet sich an EU-Finanzmarktteilnehmer und hier vor allem an Fondsverwalter (Alternative Investment Fund Manager, European Venture Capital Funds, European Social Entrepreneurship Funds, usw.) und Anlageberater. Sie verpflichtet die genannten Finanzmarktteilnehmer unter anderem dazu, Strategien zur Berücksichtigung von Nachhaltigkeitsrisiken sowie negative Nachhaltigkeitsauswirkungen ihrer Produkte auf ihrer Internetseite zu veröffentlichen. Außerdem müssen negative Nachhaltigkeitsauswirkungen und Angaben zur Ausrichtung der Produkte (im Speziellen Fonds) am ESG-Index sowie Erläuterungen zu beworbenen ökoligischen, sozialen oder nachhaltigen Investitionen im Rahmen von Vorvertraglicheninformationen bereitgestellt werden. Für die Praxis bedeutet das konkret, dass Fondsanbieter innerhalb von z. B. Verkaufsprospekten ausweisen müssen, inwiefern der angebotene Fonds die Nachhaltigkeitskriterien nach ESG verfolgt. Diese Angaben sind immer zu erbringen, unabhängig davon, ob Nachhaltigkeitskriterien bei der Anlageempfehlung oder -Entscheidung eine Rolle spielen (Artikel 6 SFDR). So soll für Endanleger möglichst maximale Transparenz in Bezug auf die nachhaltige Ausrichtung von angebotenen Finanzprodukten entstehen gem. Verodnung (EU) 2019/2088 des Europäischen Parlaments und des Rates. Die SFDR bietet Fondsgesellschaften außerdem eine Standardisierungsmöglichkeit zur Klassifizierung ihrer Fonds. Durch erweiterte Offenlegungsvorgaben für Fonds, können solche, die ökologische oder soziale Merkmale bewerben (Artikel 8 Produkte) oder mit denen eine nachhaltige Investition oder eine Reduzierung der CO_2-Emissionen angestrebt wird (Artikel 9 Produkte) eindeutig klassifiziert werden. Sowohl in Fonds-Verkaufsprospekten als auch in regelmäßigen Berichten der Fondsanbieter müssen Informationen zu diesen Eigenschaften oder Anlagezielen und deren Erreichung im Detail offengelegt werden, um Transparenz für die Endanleger zu schaffen gem. Verodnung (EU) 2019/2088 des Europäischen Parlaments und des Rates.

Allerdings befindet sich die Umsetzung von der SFDR noch in den Anfangszügen. Bislang ist nur der erste Teil der Verordnung in Kraft getreten, sodass viele entscheidende Faktoren noch nicht geklärt sind. Beispielsweise ist durch den Gesetzgeber noch nicht final beschlossen, welche Voraussetzungen ein Fonds zu erfüllen hat, um eine Klassifizierung nach Artikel 8 oder 9 SFDR zu erhalten oder ab wann überhaupt davon auszugehen ist, dass ein Fonds ökologische oder soziale Merkmale bewirbt. Da über einen längeren Zeitraum weitere Anforderungen der Offenlegungsverordnung (SFDR) zu erwarten sind, entstehen bei den Fondsgesellschaften erhebliche Mehraufwände, da z. B. Verkaufsprospekte und ESG-Aussagen auf Internetseiten mehrfach überarbeitet und angepasst werden müssen.[13] Ebenfalls in besonderer Weise von den Änderungen betroffen, welche durch die SFDR entstehen, sind die ESG-Ratingagenturen. Im Februar 2021 veröffentlichten die europäischen Aufsichtsbehörden (ESAs) die „RTS" (Regulatory Technical Standards).

---

[13] https://www.dpn-online.com/esg-anlagen/offenlegungsverordnung-mehr-transparenz-in-sachen-esg-96507/. Zugegriffen am 07.03.2022.

Diese sollen die praktischen Umsetzung der SFDR regeln. Nach diesen Standards müssen spätestens ab 2023 in Jahresberichten und in den vorvertraglichen Informationen zu nachhaltigen Produkten Informationen zu den sogenannten PAIs (Principle Adverse Impacts) vorliegen. Die vorgegebenen PAIs enthalten 18 verpflichtende ESG-Leistungskennzahlen aus den Bereichen Soziales und Umwelt sowie 46 weitere freiwillige, vordefinierten ESG-Indikatoren, die negative Auswirkungen des Anlageproduktes auf Gesellschaft und Umwelt abbilden sollen, wie in Abb. 11.3 dargestellt.

ESG-Ratingagenturen müssen demnach zukünftig dafür Sorge tragen, die in der SFDR vorgegebenen PAIs anderen Finanzmarktteilnehmern in Form von digitalen Daten zur Verfügung zu stellen.

Der enorme Aufwand, der sich aus der Sichtung und Auswertung der entsprechenden Unternehmensdaten mit Blick auf die PAIs ergibt wird sicher eine der Herausforderungen für die Ratingagenturen darstellen, die sich aus der Einführung von der SFDR ergeben.

11.5 ESG-Analyse mithilfe von Natural Language Processing

Die Risikobewertung von Anlageprodukten im Hinblick auf die drei ESG-Dimensionen stellt eine Herausforderung dar, da standardisierte, quantitative Daten nicht in ausreichendem Maß verfügbar sind. Textdaten, etwa Finanzberichte oder Nachrichtenartikel, sind im Gegensatz zu quantitativen Daten in hohen Mengen verfügbar. Innerhalb von Textdokumenten liegen die relevanten Daten jedoch unstrukturiert und heterogen vor. Folglich ist die Analyse von Textdokumenten mit einem höheren manuellem Aufwand verbunden als etwa die Auswertung tabellarischer Daten.

Das sogenannte Natural Language Processing (NLP) bietet vielversprechende Ansätze, um Textdaten in großen Mengen automatisiert zu verarbeiten und ESG-relevante Informationen zu extrahieren (Luccioni et al., 2020). NLP ist ein Sammelbegriff für Methoden, welche eine maschinelle Verarbeitung von natürlicher Sprache ermöglichen. Bekannte Anwendungsbeispiele sind der Online-Dienst Google Translate oder Sprachassistenten wie Apples Siri oder Amazons Alexa. Moderne Methoden des NLP basieren insbesondere auf Ansätzen des Machine Learnings wie künstlichen neuronalen Netzen.

Ein exemplarisches Anwendungsbeispiel von Natural Language Processing für den vorliegenden Anwendungskontext des Sustainable Finance ist die sogenannte Sentiment-Analyse. Die Sentiment-Analyse ist ein Teilbereich des NLP, der sich mit der Analyse von Texten bzgl. Orientierung und Intensität der darin vertretenen Meinung oder Haltung befasst (Liu, 2020). Mithilfe einer Sentiment-Analyse könnten beispielsweise Aussagen einer Vorstandsvorsitzenden analysiert werden, um zu bestimmen, wie sehr sie hinter ESG-Themen steht.[14] In der wissenschaftlichen Literatur existieren zahlreiche weitere

---

[14] https://www.spglobal.com/en/research-insights/articles/how-can-ai-help-esg-investing. Zugegriffen am 07.03.2022.

CLIMATE AND OTHER ENVIRONMENT-RELATED INDICATORS	
Greenhouse gas (GHG) emissions	1. GHG emissions
	2. Carbon footprint
	3. GHG intensity of investee companies
	4. Exposure to companies active in the fossil fuel sector
	5. Share of nonrenewable energy consumption and production
	6. Energy consumption intensity per high impact climate sector
Biodiversity	7. Activities negatively affecting biodiversitysensitive areas
Water	8. Emissions to water
Waste	9. Hazardous waste ratio
SOCIAL AND EMPLOYEE, RESPECT FOR HUMAN RIGHTS, ANTI-CORRUPTIONAND ANTI-BRIBERY MATTERS	
Social and employee matters	10. Violations of UN Global Compact principles and Organisation for Economic Cooperation and Development (OECD) Guidelines for Multinational Enterprises
	11. Lack of processes and compliance mechanisms to monitor compliance with UN Global Compact principles and OECD Guidelines for Multinational Enterprises
	12. Unadjusted gender pay gap
	13. Board gender diversity
	14. Exposure to controversial weapons (antipersonnel mines, cluster munitions, chemical weapons and biological weapons)
INDICATORS APPLICABLE TO INVESTMENTS IN SOVEREIGNS AND SUPRANATIONALS	
Environmental	15. GHG intensity
Social	16. Investee countries subject to social violations
Fossil fuels	17. Exposure to fossil fuels through real estate assets
Energy efficiency	18. Exposure to energy-inefficient real estate assets

Abb. 11.3 Principle Adverse Impacts (PAIs)

Anwendungsbeispiele, die neben der Analyse von Finanzberichten und Nachrichten beispielsweise Social Media als Datenquelle nutzen (Xing et al., 2018).

11.5.1 Grundlagen des Natural Language Processings

Nachfolgend werden ausgewählte Begriffe und Konzepte des Natural Language Processings erläutert. Neben einer Einführung in sogenannte Word Embeddings (siehe Abschn. 11.5.1.1) werden im NLP verbreitete Architekturen künstlicher neuronaler Netze vorgestellt (siehe Abschn. 11.5.1.2). Diese Grundlagen sollen ein besseres Verständnis für die nachfolgend in Abschn. 11.5.2 vorgestellten Anwendungsbeispiele ermöglichen.

11.5.1.1 Word Embeddings

Um Texte für Machine Learning zugänglich zu machen, müssen sie zunächst in eine numerische Repräsentation überführt werden, mit welchen Lernalgorithmen rechnen können. Diese für Maschinen verarbeitbare Darstellungsformen werden als Word Embeddings bezeichnet. Eine einfache Möglichkeit, Texte in eine solche Form zu überführen ist z. B. das sogenannte One Hot Encoding. One Hot Encoding kodiert Worte durch Vektoren, dessen Länge der Anzahl der unterschiedlichen Worte im zu modellierendem Vokabular entspricht. In den Vektoren sind jeweils alle Einträge auf 0 oder gesetzt. Das erste Wort im Vokabular hat z. B. den Eintrag 1 an der ersten Stelle, während alle anderen Einträge auf 0 gesetzt werden. Beim zweiten Wort befindet sich die 1 an der zweiten Stelle, und so weiter (vgl. Abb. 11.4). Diese Art der numerischen Darstellung ist simpel, berücksichtigt jedoch z. B. nicht in welcher Beziehung Worte zueinanderstehen (Wang et al., 2020). In den letzten Jahren wurden anspruchsvollere Ansätze entwickelt, um Word Embeddings zu generieren. Dazu zählen z. B. word2vec, GloVe oder BERT.

Der von Mikolov et al. (2013) entwickelte **word2vec**-Ansatz basiert auf der Idee, Worte in Abhängigkeit des Kontexts, in dem sie verwendet werden, zu kodieren. Dazu werden Paare aus Worten und ihrem Kontext gebildet. Der Kontext entspricht dabei den Worten vor bzw. nach einem Wort. Um nützliche Word Embeddings zu generieren schlagen Mikolov et al. (2013) vor, ein künstliches neuronales Netz zu trainieren, welches versucht

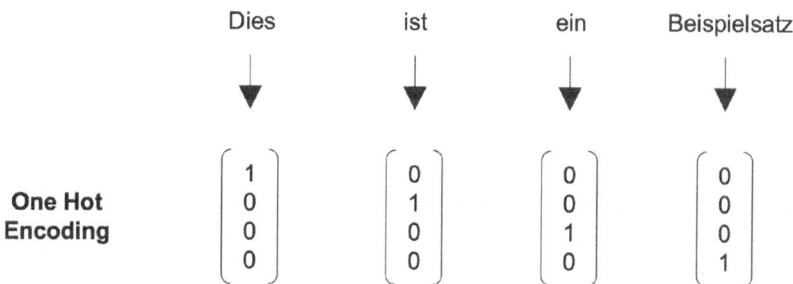

Abb. 11.4 Beispiel für One Hot Encoding

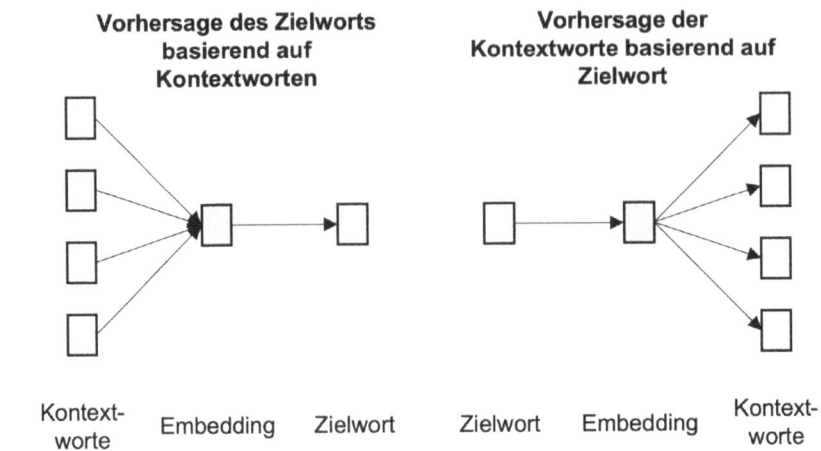

Abb. 11.5 Word2vec-Architektur i.A.a. Mikolov et al. (2013)

Worte möglichst gut basierend auf ihren Kontextworten vorherzusagen. Alternativ ist es möglich die umgekehrte Lernaufgabe zu nutzen. Das heißt, das neuronale Netz erhält Worte als Input und lernt, die Kontextworte vorherzusagen. Die Architektur des neuronalen Netzes ist in Abb. 11.5 in Abhängigkeit der gewählten Lernaufgabe dargestellt. Das neuronale Netz besteht aus drei Schichten, die jeweils durch gewichtete Kanten miteinander verbunden sind. In die erste Schicht des Netzes werden die Inputdaten in Form von One Hot Encodings der Worte eingegeben. Daraufhin werden die Neuronen in den Nachfolgeschichten jeweils in Abhängigkeit der Kantengewichte und den Werten der vorherigen Schicht aktiviert. Die Werte in der Ausgangsschicht entsprechen den Prädiktionen des Netzes. Während des Lernprozesses werden die Kantengewichte schrittweise optimiert, sodass der Vorhersagefehler minimiert wird. Die Aktivierungen in der mittleren Schichten stellen das Bindeglied zwischen den in die Eingabeschicht gegebenen Worten (bzw. Kontextworten) und den prädizierten Kontextworten (bzw. Worten) dar und dienen als Word Embeddings für nachfolgende NLP-Probleme. Die gelernten Wortvektoren bzw. Embeddings erlauben es, Worte in Beziehung zueinander zu setzen. Mikolov et al. (2013) berichten, dass mit den gelernten Wortvektoren z. B. Rechnungen der folgenden Form möglich sind: $Paris - Frankreich + Italien = Rom$. Das heißt, das Modell hat eine numerische Repräsentation der Worte gelernt, in der sich Paris zu Frankreich verhält, wie Rom zu Italien.

Global Vectors for Word Representation, kurz **GloVe**, stellt eine Alternative zu word2vec dar und wurde von (Pennington et al., 2014) vorgestellt. Dem Ansatz liegt die Annahme zugrunde, dass Worte, die in Beziehung zueinander stehen, häufig (innerhalb eines bestimmten Fensters) zusammen auftreten. Eine einfache Matrix, in der für alle Wortkombinationen die Wahrscheinlichkeiten des gemeinsamen Auftretens eingetragen sind, hätte als Word Embedding den Nachteil, dass sie extrem groß würde. Pennington et al. (2014) schlagen daher ein Regressionsmodell vor, welches mit der gewichteten Methode der kleinsten Quadrate optimiert werden kann. Das Modell optimiert für jedes

Wortpaar Vektoren, sodass die Differenz zwischen (dem Logarithmus) der Wahrscheinlichkeit des gemeinsamen Auftretens der Worte und dem Skalarprodukt der Vektoren minimal wird. Die Vektoren dienen als Word Embeddings für nachfolgende NLP-Probleme. Der Vorteil von GloVe liegt in der Effizienz, da die Optimierung nicht mittels der gesamten Textdaten erfolgt, sondern auf Grundlage globaler Statistiken.

BERT, kurz für Bidirectional Encoder Representation from Transformers, ist ein tiefes künstliches neuronales Netz. Das ursprünglich von Devlin et al. (2018) vorgestellte neuronale Netz basiert auf dem sogenannten Transformer (Vaswani et al., 2017) (siehe Analog dazu Abschn. 11.5.1.2) und wurde in zwei Varianten implementiert. Je nach Variante enthält das Netz 110 bzw. 340 Millionen im Lernprozess optimierte Parameter. Die Optimierung der Parameter erfolgte mittels zwei verschiedener Lernaufgaben. Die erste Aufgabe besteht darin, zufällig maskierte Worte aus einem Text richtig vorherzusagen. Die zweite Lernaufgabe dient dazu neben der kontextuellen Semantik von Worten auch Beziehungen zwischen Sätzen zu lernen. In dieser Aufgabe werden Paare aus Sätzen gebildet. In der Hälfte der Fälle handelt es sich um Sätze, die im Text aufeinander folgen. In der anderen Hälfte um zufällig gepaarte Sätze. BERT lernt, möglichst genau vorherzusagen, ob es sich um zwei aufeinander folgende Sätze handelt oder nicht. Aufgrund der hohen Anzahl an Parametern ist die Optimierung von BERT für die beiden beschriebenen Aufgaben sehr rechenaufwendig. Der Vorteil von BERT liegt darin, dass das Modell, nachdem es einmal trainiert wurde, mit nur leichten Anpassungen für verschiedene Problemstellungen (z. B. Übersetzung von Fremdsprachen, Beantworten von Fragen in natürlicher Sprache, etc.) eingesetzt werden kann. Das heißt für neue Problemstellungen müssen keine neuen Modelle entwickelt werden, sondern BERT kann mit nur geringem Zeit- und Arbeitsaufwand wiederverwendet werden.

11.5.1.2 Deep Learning Architekturen zur Modellierung von Sprache

Rekurrente Neuronale Netze (RNNs) sind künstliche neuronale Netze, die besonders für die Modellierung von sequentiellen Daten, wie etwa Sprache, geeignet sind. Sie zeichnen sich im Gegensatz zu Feedforward-Netzen durch rekurrente Verbindungen in der Netzarchitektur aus (vgl. Abb. 11.7).

Feedforward-Netze bestehen aus künstlichen Neuronen, die in Schichten angeordnet sind (Abb. 11.6). Die Neuronen aufeinander folgender Schichten sind durch gewichtete Kanten miteinander verbunden. Die erste Schicht des Netzes entspricht der Eingabeschicht, in welcher Daten eingegeben werden, auf deren Basis eine Prädiktion vorgenommen werden soll. In Abhängigkeit der Eingabedaten, der Gewichte der Verbindungen zur nächsten Schicht sowie einer Aktivierungsfunktion werden die Neuronen der Folgeschicht aktiviert. Die Aktivierungen werden in die darauf folgende Schicht weiterpropagiert, in welcher die Neuronen erneut nach dem gleichen Prinzip aktiviert werden. Die Aktivierungen in der letzten Schicht, der sogenannten Ausgabeschicht, entsprechen letztlich der Vorhersage, welche das Netz basierend auf den Eingabedaten macht. Die Kantengewichte zwischen den Neuronen werden während des Lernprozesses (in der Regel mittels Backpropagation-Algorithmus) optimiert, sodass die Prädiktionen

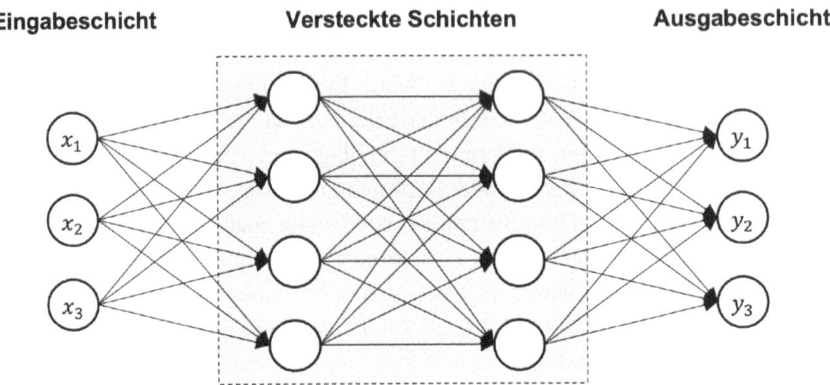

Abb. 11.6 Exemplarische Darstellung eines künstlichen neuronalen Feedforward-Netzes

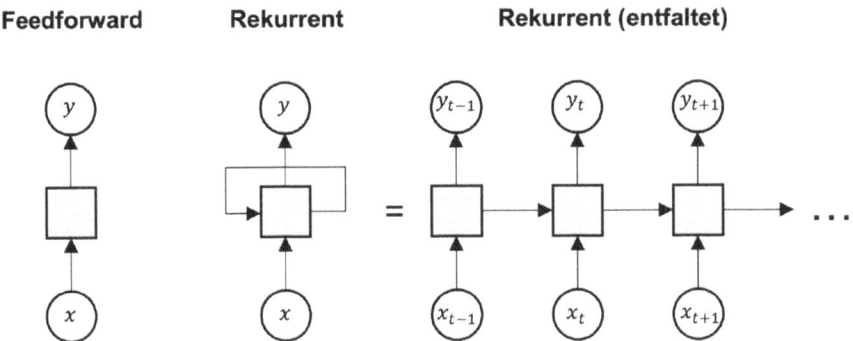

Abb. 11.7 Schematische Darstellung rekurrenter neuronaler Netze im Gegensatz zu Feedforward-Netzen

des Netzes für bekannte Trainingsdaten möglichst gut zu tatsächlichen Beobachtungen passen.

In Feedforward-Netzen fließen Informationen lediglich in eine Richtung, von der Eingabeschicht in Richtung der Ausgabeschicht. Durch die rekurrenten Verbindungen in RNNs können Informationen auch zurückfließen, sodass sie für die Verarbeitung nachfolgender Elemente wiederverwendet werden können. In Abb. 11.7 ist das Prinzip rekurrenter Verbindungen vereinfacht dargestellt.

Rekurrente Neuronale Netze teilen die gelernten Parameter zwischen den einzelnen Zeitschritten einer Sequenz und verknüpfen gleichzeitig Information aus früheren Zeitschritten mit dem aktuellen Zustand, um sequentielle Abhängigkeiten zu modellieren. Eine Herausforderung bei RNNs besteht darin, dass mit zunehmender Länge einer Sequenz, der Einfluss früherer Zeitschritte verschwindet. RNNs leiden unter einem Kurzzeitgedächtnis (vgl. Goodfellow et al., 2016). LSTM-Netze (kurz für long short-term memory) sind eine Weiterentwicklung von einfachen RNNs, die versuchen diesem Problem entgegenzuwirken. Sie nutzen sogenannte „Gates", welche lernen und steuern, welcher Anteil an Informationen vergessen bzw. an nächste Zeitschritte weitergegeben

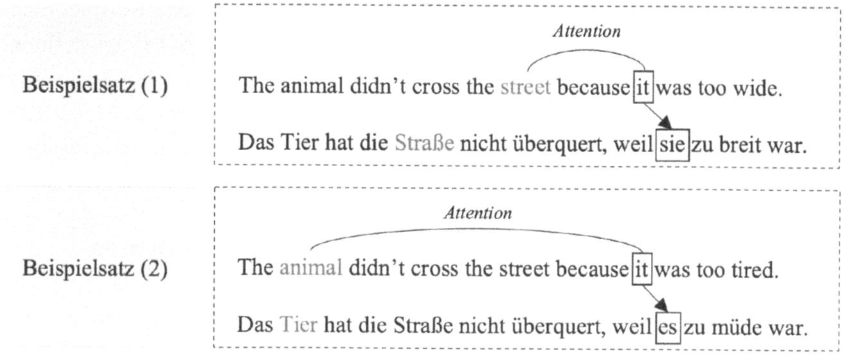

Beispielsatz (1)

Attention

The animal didn't cross the street because |it| was too wide.

Das Tier hat die Straße nicht überquert, weil |sie| zu breit war.

Beispielsatz (2)

Attention

The animal didn't cross the street because |it| was too tired.

Das Tier hat die Straße nicht überquert, weil |es| zu müde war.

Abb. 11.8 Beispiel für Relevanz von Attention bei Übersetzungsaufgabe

werden soll. Mittlerweile werden die Begriffe LSTM und RNN laut White et al. (2019) beinahe synonym verwendet.

Vaswani et al. (2017) haben als Alternative zu RNNs eine Netzwerkarchitektur namens **Transformer** vorgeschlagen. Im Gegensatz zu RNNs ist das Training des Transformers besser parallelisierbar und somit schneller durchführbar. Darüber hinaus konnten Vaswani et al. (2017) mit ihrem Ansatz in zwei Benchmarks für Sprachübersetzung eine bessere Qualität erzielen als der bisherige Stand der Technik. Der Transformer basiert auf sogenannten Attention Mechanisms. Diese erlauben es neuronalen Netzen zu lernen, ihre Aufmerksamkeit auf bestimmte Bereiche einer Inputsequenz zu lenken. Ein illustratives Beispiel ist in Abb. 11.8[15] dargestellt. Die Übersetzung des englischen Wortes „it" hängt vom Bezugswort ab. Bezieht sich „it" auf „animal" (dt. Tier), muss es als „es" übersetzt werden. Wenn es sich jedoch auf „street" (dt. Straße) bezieht, lautet die richtige Übersetzung „sie". Stark vereinfacht ausgedrückt, lernt der Transformer seine Eingabedaten in verschiedene Vektoren zu überführen: Query-Vektoren sowie Paare aus Key-Vektoren und Value-Vektoren. Die Stärke der Aufmerksamkeit ergibt sich aus einer gewichteten Summe der Werte der Value-Vektoren in Abhängigkeit davon, wie kompatibel Query- und Key-Vektoren sind (bzw. wie ähnlich sie sind). Die Berechnung der Kompatibilität von Query- und Key-Vektoren erfolgt basierend auf dem Skalarprodukt der Vektoren.

11.5.2 Anwendungsbeispiele von Natural Language Processing für die ESG-Analyse

Im Folgenden werden exemplarisch drei Anwendungsbeispiele aus der Literatur vorgestellt, welche demonstrieren, wie Methoden des NLP zur ESG-Analyse von Sprach- bzw.

---

[15] https://ai.googleblog.com/2017/08/transformer-novel-neural-network.html.   Zugegriffen   am 07.03.2022.

Textdaten in der Finanzindustrie eingesetzt werden können. Das erste Beispiel behandelt die automatisierte Suche von Antworten auf zuvor definierte ESG-Fragestellungen in Berichten (siehe Abschn. 11.5.2.1). Das zweite Beispiel illustriert einen Kennzahlen-basierten Ansatz zur Sentiment-Analyse von Nachrichten im Hinblick auf ESG-Kriterien (siehe Abschn. 11.5.2.2). Auch das dritte Beispiel behandelt die Sentiment-Analyse von Nachrichten, nutzt jedoch künstliche neuronale Netze (siehe Abschn. 11.5.2.3).

11.5.2.1 Automatisierte Q&A-basierte Analyse von ESG-Berichten

ClimateQA ist ein System, welches von Luccioni et al. (2020) entwickelt wurde, um effizient relevante Informationen aus ESG-Berichten zu gewinnen. Das System unterstützt Analysten, indem es automatisch Antworten auf ESG-bezogene Fragen aus Berichten sucht. Technologisch basiert ClimateQA auf BERT (siehe Abschn. 11.5.1.1), beziehungsweise einer Weiterentwicklung namens RoBERTa (vgl. Liu et al., 2019). Das Word Embedding-Modell von ClimateQA wurde zunächst auf dem Text von öffentlich verfügbaren Finanzberichten vortrainiert, um die spezifische Sprache aus der Branche abzubilden. Anschließend verwenden Luccioni et al. einen weiteren Datensatz, um ClimateQA für die eigentliche Aufgabe zu trainieren. Dieser zweite Datensatz besteht aus zwei Arten von Trainingsbeispielen. Positive Beispiele bestehen aus Fragen und dazugehörigen Antworten aus ESG-Berichten, negative Beispiele bestehen aus Fragen und den Sätzen eines Berichts, welche die Fragen nicht beantworten. Mithilfe der Beispiele lernt ClimateQA zu differenzieren, welche Sätze eines Berichts Antworten auf eine Frage darstellen und welche nicht. Luccioni et al. betrachten insgesamt 14 verschiedene Fragen. Die Fragen sind abgeleitet aus einer Empfehlung der Task Force on Climate-related Financial Disclosure zur Strukturierung von ESG-Berichten.[16] Das trainierte ClimateQA-Modell erzielt für neue Berichten, die nicht für das Training verwendet wurden, insgesamt hohe Genauigkeiten bei der Beantwortung der Fragen. Die Genauigkeit der Antworten hängt jedoch von der betrachteten Branche ab. Darüber hinaus beantwortet ClimateQA einzelne Fragen noch unzuverlässig.

11.5.2.2 Kennzahlen-basierte ESG-Analyse von Nachrichtenartikeln

Borms et al. (2021) schlagen vor, Nachrichten mithilfe einer Sentiment-Analyse automatisiert zu überwachen. Ziel des Ansatzes ist es frühzeitig zu detektieren, wenn kritische ESG-bezogene Neuigkeiten zu einem Unternehmen veröffentlicht wurden. Borms et al. (2021) definieren dafür drei Arten von Schlagwörtern: Das Query-Lexikon, das Sentiment-Lexikon und Valence Shifters. Das Query-Lexikon umfasst Begriffe, die dazu dienen passende Nachrichtenartikel aus einer Datenbank auszuwählen bzw. deren Relevanz zu bestimmen. Ein Artikel ist relevanter, wenn er viele der vorab definierten Begriffe aus dem Query-Lexikon enthält. Die Query-Worte wurden für jede der drei ESG-Kategorien

---

[16] https://assets.bbhub.io/company/sites/60/2020/10/FINAL-2017-TCFD-Report-11052018.pdf. Zugegriffen am 07.03.2022.

definiert und umfassen z. B. Worte wie „Menschenrechte", „Umwelt", „Korruption", „Emission", „Bestechung", „Energie" oder „Ethik". Das Sentiment-Lexikon definiert die Polarität von Begriffen, um zu bewerten, ob eine Aussage negativ oder positiv aufzufassen ist. Der Begriff „Gewalt" hat beispielsweise eine negative Polarität. Valence Shifters sind Begriffe, welche die Wertung von Aussagen verändern (z. B. Verstärkung durch „sehr" oder Abschwächung durch „kaum"). Die Lexika wurden in einem iterativen Prozess erstellt. Zunächst werden lediglich einige Startbegriffe definiert. Mithilfe einer Ähnlichkeitsberechnung identifizieren Borms et al. (2021) schließlich weitere Kandidaten für die Lexika, die manuell gesichtet und bewertet werden. Für die Berechnung der Ähnlichkeit wurden alle betrachteten Worte mittels GloVe in eine numerische Darstellung überführt (siehe Abschn. 11.5.1.1).

Die vollständigen Lexika erlauben es, Nachrichtenartikel anhand von Häufigkeits- und Sentiment-Kennzahlen zu bewerten. Das Sentiment eines Artikels ergibt sich als gewichtete Summe aus der Polarität der Worte je Artikel. Die Gewichtung erfolgt basierend auf den Valence Shifters sowie auf der Position der Worte im Text. Es gilt die Annahme, dass Worte am Anfang und Ende eines Artikels eine höhere Bedeutung haben. Die Häufigkeitskennzahlen basieren auf der Häufigkeit, mit der Schlagworte aus den Lexika jeweils für die ESG-Dimensionen genannt werden. Die Kennzahlen werden von Borms et al. (2021) tageweise bzw. über Zeiträume von 30 Tage aggregiert und dienen als Grundlage, um kritische Ereignisse mit Bezug zu ESG-Themen in der Berichterstattung zu detektieren.

Borms et al. validieren den Ansatz anhand von belgischen und niederländischen Nachrichten. Die Validierung zeigt, dass der Ansatz nicht alle relevanten Ereignisse detektiert. Schwerwiegende Ereignisse konnten jedoch schneller enttdeckt werden als mithilfe des ESG-Ratings eines Dienstleisters, das als Vergleich herangezogen wurde. Borms et al. schlussfolgern daraus, dass eine Kombination aus klassischer ESG-Analyse sowie Text Mining zu empfehlen ist.

11.5.2.3 Sentiment-Klassifikation mittels Deep Learning

Souma et al. (2019) stellen ein Vorgehen vor, um das Sentiment von Nachrichten zu klassifizieren. Positive Nachrichten sind solche, die eine positive Veränderung des Aktienkurses zur Folge haben. Ein negatives Sentiment entspricht entsprechend einem negativen Effekt auf den Aktienkurs eines Unternehmens. Der Ansatz zielt somit nicht direkt auf ESG-Aspekte ab. Das Vorgehen ist jedoch übertragbar auf eine ESG-bezogene Sentiment-Klassifikation.

Souma et al. (2019) nutzen GloVe (siehe Abschn. 11.5.1.1) als Word Embedding. Als Datensatz dienen Artikel aus Datenbanken von Thomson Reuters. Den Nachrichten wird automatisiert ein Sentiment zugeordnet. Das Sentiment definieren Souma et al. (2019) in Abhängigkeit des Verhältnisses des durchschnittlichen Aktienkurses innerhalb einer Minute vor und nach einem Nachrichtenartikel. Für einen Transfer auf ein ESG-bezogenes Sentiment, ließen sich etwa bereits vorliegende, historische ESG-Ratings nutzen. Den Zusammenhang zwischen dem Text der Artikel und den zugehörigen

Sentiments modellieren Souma et al. (2019) mittels rekurrenter neuronaler Netze mit LSTM-Zellen (siehe Abschn. 11.5.1.2). Souma et al. (2019) berichten, dass ihr Modell im Mittel positive Artikel als positiv klassifiziert und negative Artikel als negativ klassifiziert. Sie schlussfolgern, dass das Modell somit in der Lage ist, Effekte auf den Aktienpreis vorherzusagen. Das Modell liegt allerdings nur in etwas mehr als der Hälfte der Fälle richtig. Mögliches Optimierungspotenzial könnte beispielsweise in der Definition der Polariät der Sentiments, den Word Embeddings oder der Architektur bzw. der Art des verwendeten künstlichen neuronalen Netzes liegen.

11.6   Fazit

Nachhaltigkeit nimmt im Investment- und Fondsgeschäft eine zunehmend wichtige Rolle ein. Das liegt auf der einen Seiten an der vermehrten Kundennachfrage nach nachhaltigen Produkten. Auf der anderen Seite gewinnen Nachhaltigkeitsthemen aufgrund von Regularien wie der Taxonomie- und der SFDR-Verordnung an Bedeutung. Die Bewertung von Anlageprodukten bezüglich ESG-Kriterien wird jedoch durch die mangelnde Verfügbarkeit standardisierter, quantitativer Daten erschwert. Ansätze aus dem Bereich des Natural Language Processing stellen eine vielversprechende Möglichkeit dar diese Herausforderung zu adressieren und reduzieren den manuellen Analyseaufwand von Analysten.

Literatur

Borms, S., Boudt, K., Van Holle, F., and Willems, J. (2021). Semi-supervised text mining for monitoring the news about the esg performance of companies. In *Data Science for Economics and Finance*, pages 217–239. Springer, Cham.

Devlin, J., Chang, M.-W., Lee, K., and Toutanova, K. (2018). Bert: Pre-training of deep bidirectional transformers for language understanding. *arXiv preprint arXiv:1810.04805*.

Goodfellow, I., Bengio, Y., and Courville, A. (2016). *Deep learning*. MIT press, Cambridge, Massachusetts, London, England.

Liu, B. (2020). *The Problem of Sentiment Analysis*, pages 18–54. Studies in Natural Language Processing. Cambridge University Press, 2 edition.

Liu, Y., Ott, M., Goyal, N., Du, J., Joshi, M., Chen, D., Levy, O., Lewis, M., Zettlemoyer, L., and Stoyanov, V. (2019). Roberta: A robustly optimized bert pretraining approach. *arXiv preprint arXiv:1907.11692*.

Luccioni, A., Baylor, E., and Duchene, N. (2020). Analyzing sustainability reports using natural language processing. *arXiv*.

Mikolov, T., Chen, K., Corrado, G., and Dean, J. (2013). Efficient estimation of word representations in vector space. *arXiv preprint arXiv:1301.3781*.

Pennington, J., Socher, R., and Manning, C. D. (2014). Glove: Global vectors for word representation. In *Proceedings of the 2014 conference on empirical methods in natural language processing (EMNLP)*, pages 1532–1543.

Souma, W., Vodenska, I., and Aoyama, H. (2019). Enhanced news sentiment analysis using deep learning methods. *Journal of Computational Social Science*, 2(1):33–46.

Vaswani, A., Shazeer, N., Parmar, N., Uszkoreit, J., Jones, L., Gomez, A. N., Kaiser, L., and Polosukhin, I. (2017). Attention is all you need. In *Advances in neural information processing systems (NIPS), Long Beach, CA, USA*, pages 5998–6008.

Wang, S., Zhou, W., and Jiang, C. (2020). A survey of word embeddings based on deep learning. *Computing*, 102(3):717–740.

White, L., Togneri, R., Liu, W., and Bennamoun, M. (2019). *Sentence Representations and Beyond*, pages 93–114. Springer Singapore, Singapore.

Xing, F. Z., Cambria, E., and Welsch, R. E. (2018). Natural language based financial forecasting: a survey. *Artificial Intelligence Review*, 50(1):49–73.

Kim Y. Mühl

Wie kann Sustainable Finance unsere persönlichen Wertvorstellungen widerspiegeln? Dieser Impulsbeitrag zeigt auf, wie der effektive Altruismus und die zukunftsweisende Bionic Advisory dazu beitragen können, individuelle Wertvorstellungen mit Nachhaltigkeits-Richtlinien in Einklang zu bringen, um einer breiten Zielgruppe den Zugang zu wirkungsvollen und personalisierten ESG-Anlagestrategien zu ermöglichen.

12.1 Einleitung

Nachhaltige Handlungen sind solche, die die Existenz und Handlungsfähigkeit künftiger Generationen sicherstellen, mindestens aber nicht verschlechtern. Doch was ist dann das Gegenteil von Nachhaltigkeit? Kurzlebigkeit? Zerstörung? Oder gar Misanthropie? Fest steht: Wer nicht nachhaltig agiert, konsumiert oder investiert, handelt gegen seine oder ihre Mitmenschen, gegen die Umwelt, gegen das Leben sowie schlussendlich gegen sich selbst. Mittel- bis langfristig tragen wir die Konsequenzen für unser Handeln: Umweltkatastrophen und Krisen wie die aktuelle Covid-19-Pandemie führen zu wirtschaftlichen Einbrüchen und Finanzkrisen, die wiederum in Arbeitslosigkeit, Inflation, erhöhten Steuerbelastungen, zusätzlichen Gebühren sowie einer Verdichtung des ohnehin schon irrsinnig überbürokratisierten Regularienkatalogs resultieren. All dies schränkt unseren Handlungsspielraum – und damit die Vermögensanlage der Zukunft – weiter ein. Nachhaltigkeit ist kein Hype, keine Modeerscheinung und noch nicht einmal ein Megatrend.

K. Y. Mühl (✉)
Berater und CoachFrankfurt am Main, Deutschland
E-Mail: kim.muehl@bionicwealth.de

© Der/die Autor(en), exklusiv lizenziert an Springer Fachmedien Wiesbaden
GmbH, ein Teil von Springer Nature 2022
B. M. Abdel-Karim, F. X. Kollmer (Hrsg.), *Sustainable Finance*,
https://doi.org/10.1007/978-3-658-36389-5_12

Nachhaltigkeit ist die Zukunft: Nachhaltigkeit ist gleichzusetzen mit Zukunftsfähigkeit. Das bezieht sich auf die Umwelt, die Gesellschaft und die Wirtschaft, wie auch auf den Finanzsektor, jedes Finanzunternehmen und Ihre persönliche Zukunft. Denn: Auch die modernste Technik, das umfangreichste Smart Data-Wissen und die stärksten Algorithmen sind nichts wert, wenn die Branche wesentliche Elemente und Werte der Nachhaltigkeit und der Verantwortung außer Acht lässt.

Waren skrupellose Mischfonds mit reichlich Öl-, Chemie- und Rüstungsanteilen sowie einer ordentlichen Portion Korruption und einer Prise Kinderarbeit zur Jahrtausendwende noch ein Verkaufsschlager, so werden sie heute höchstens noch unter dem Tresen oder in Dark Pools gehandelt. Unlängst haben dies auch globale Branchengrößen wie BlackRock und MSCI erkannt und Stellung bezogen.[1] Das war jedoch mitnichten immer so. Lange schien es, als seien Nachhaltigkeit und Geldanlage nicht miteinander vereinbar. Pioniere wie die EthikBank, die GLS Bank oder die Triodos galten als Banken für „Hippies und Ökos". Eine echte Chance wurde ihnen nicht zugesprochen und ihre nachhaltigen Angebote wurden auch nicht als ernstzunehmende Konkurrenzprodukte wahrgenommen. Wer als Privatanleger:in nachhaltig investieren wollte, musste sogar drauflegen. Heute zahlen Finanzunternehmen für nicht-nachhaltige Produkte drauf – oder büßen Prestige ein.

Beispiel

Ein anschauliches Beispiel dafür liefert uns der Lehrer-Pensionsfonds in Florida. Dieser hatte nämlich unter anderem in Aktien der Waffen- und Rüstungsindustrie investiert, darunter auch Anteile im Wert von über einer halben Million US-Dollar in die Holding American Outdoor Brands Corporation, dem Mutterkonzern von Waffenherstellern wie Smith & Wesson, Thompson Center, Deep River Plastics und Battenfeld Technologies. So finanzierten die Lehrer:innen der Stoneman Douglas High School am 14. Februar 2018 unwissentlich den später als Valentine's Day massacre bekannten Amoklauf, bei dem in ihrer Schule 17 Menschen mit einem von Smith & Wesson produzierten Semi-Automatik-Sturmgewehr erschossen wurden. Nur wenige Tage später distanzierte sich BlackRock von Rüstungsherstellern und kündigte eine große Veräußerungswelle der rund 6 Milliarden US-Dollar schweren Rüstungs-Positionen an.[2]

---

[1] In seinem Brief an die CEOs, fordert BlackRock- CEO und Vorstandsvorsitzender Laurence Douglas „Larry" Fink so deutlich wie kein Investor zuvor eine grundlegende Umgestaltung der Finanzwelt. https://www.blackrock.com/ch/privatanleger/de/larry-fink-ceo-letter. Zugegriffffen am 22.09.2021.

[2] Weinberg, N. & Mosendz, P. (2018): Florida Teachers' Pension Fund Invested in Maker of School Massacre Gun https://www.bloomberg.com/news/articles/2018-02-20/florida-teachers-pension-fund-invested-in-maker-of-school-massacre-gun. Zugegriffen am 03.09.2021, auch zu finden in (vgl. Mühl, 2021, S. 198).

12.2   Das Sustainable Finance-Dilemma: Nachhaltigkeit ist ein Konzept mit Raum für Interpretation

12.2.1 Der Klimawandel

Die Entscheidungen und Handlungen die wir – als Finanzwirtschaft, als Weltwirtschaft, als Konsumwirtschaft – seit Jahrzehnten treffen, sind geprägt von Eigennützigkeit. Ökonomische Ungleichheit und eine massive Beschleunigung des Klimawandels sind nur zwei der zahlreichen Folgen, die davon zeugen. Die Konsequenzen für unsere Entscheidungen tragen vor allem die Generationen, die nach uns kommen. Deren Lebensgrundlage gilt es im Sinne der Nachhaltigkeit zu schützen.

Aus dieser Notwendigkeit heraus sind Vorgaben, Richtlinien und Ausschlusslisten für unverantwortliche Themen, Sektoren und Staaten entstanden, darunter u. a. Corporate Social Responsibility (CSR, zu Deutsch: soziale Unternehmensführung), Socially Responsible Investment (SRI, zu Deutsch: ethisches Investment), die 17 UN-Sustainable Development Goals (SDG, zu Deutsch: Ziele für nachhaltige Entwicklung) sowie neuerdings auch die ESG-Anlagekriterien.[3] Diese Nachhaltigkeitskriterien sind wichtig und haben ihre Berechtigung. Doch sie alle haben ein gemeinsames Problem: Sie sind aufgeladen mit Konfliktpotenzial, denn sie sollen Werte regulieren, also etwas Individuelles und hoch Emotionales. Und das ist nicht immer einfach – weder auf einer individuellen Ebene noch auf einer nationalen oder gar globalen.

Um das an einem Beispiel festzumachen: Wir hatten ausreichend Chancen und Zeit den Kurs zu ändern. Doch während das eigene Image von den Marketing- und PR-Abteilungen vieler Unternehmen mit fragwürdiger Lifestyle-Nachhaltigkeit oder dem Bienenhotel auf dem Konzerndach dreist aufgehübscht wird, beziehen wir (bzw. die Industrie) in Deutschland nach Angaben des Bundesministerium für Wirtschaft und Energie heute gerade einmal 35 % unseres Stroms aus erneuerbaren Energiequellen. Und obwohl Kernenergie in Deutschland grundsätzlich aus ESG-Anlagestrategien ausgeschlossen wird, spricht sich Frankreich klar dafür aus, „die Atomenergie angesichts ihrer Quasi-Emissionsfreiheit in der geplanten Taxonomie für Nachhaltigkeit zu berücksichtigen", so Handelsblatt – Europa-Korrespondent Hans-Peter Siebenhaar.[4] Damit streiten sich sogar Staaten darüber, ob Kernenergie nun als grüne Anlage zu werten ist, oder doch eher als neongrünes

---

[3] ESG umfasst die drei Säulen Environment (Artenvielfalt, Klimawandel, Naturschutz, Ressourcenknappheit und Wasser), Social (Arbeitslosigkeit, demografischer Wandel, Ernährung und Gesundheit, Angestellte, Arbeitssicherheit, etc.) und Governance (Unternehmensgrundsätze/Führungspraktiken, Aufsichtsstrukturen, Bürgerrechte, Compliance, Korruption, Risiko- und Reputationsmanagement, Waffen, etc.).

[4] EU-Kommission klammert Gas und Atomenergie als nachhaltige Investments vorerst (im Handelsblatt 16.04.2021), https://www.handelsblatt.com/politik/international/gruene-finanzierung-eu-kommission-klammert-gas-und-atomenergie-als-nachhaltige-investments-vorerst-aus/27102894.html. Zugegriffen am 06.09.2021.

Greenwashing. Die individuelle Wertvorstellungen der Bürger:innen fallen noch deutlich unterschiedlicher aus. Und das ist nur einer von vielen Diskussionspunkten rund um die Nachhaltigkeit.

12.2.2 Nach welchen Auswahlkriterien: Geldanlage-Strategien?

Um den Effekt zu maximieren, soll Sustainable Finance möglichst breit aufgestellt sein. Dies spiegelt sich auch im Anlageuniversum wider. So können nachhaltige Investitionen z. B. Aktien, Anleihen, ETFs und Investmentfonds, Sparbriefe oder Sparkonten, Fest- und Tagesgeld sowie Direktbeteiligungen und Mischformen umfassen. Eher untypisch hingegen sind Derivate, Hebelzertifikate und strukturierte Produkte. Nach dem LIQID-Finanzredakteur Sebastian Wolff bilden 1. nachhaltige Projekte, 2. nachhaltige Einzeltitel, 3. Spareinlagen bei nachhaltigen Banken, 4. Aktienfonds von nachhaltigen Banken und 5. nachhaltige Themenfonds die fünf gängigsten Gruppen von nachhaltigen Finanzprodukten.[5] Dabei unterscheiden sich die einzelnen Investitionen allerdings stark in ihrer Striktheit sowie auch in ihrem Wirkungsgrad. Die Abb. 12.1 zeigt die Verteilung der Assetklassen.[6]

Grundsätzlich unterscheiden sich nachhaltige Anlagestrategien zunächst einmal darin, ob sie exklusiv oder inklusiv arbeiten: Nicht-verantwortungsvoll wirtschaftende Unternehmen und Staaten können aus dem Anlageuniversum ausgeschlossen werden (exkludierende Investmentstrategie). Die Verbleibenden können in das Portfolio aufgenommen werden, da sie als „nachhaltig genug" gelten. Desweiteren kann auch gezielt in ausgesprochen nachhaltig agierende Unternehmen investiert werden (inkludieren-de Investmentstrategie).

Auch wenn es so scheint, als wäre der Vorgang im Grunde der Gleiche: Die beiden Ansätze können zu sehr unterschiedlichen Ergebnissen und Portfolios führen. In meiner Meta-Studie „Bionic Wealth" gehe ich detailliert auf die Unterschiede zwischen der exklusiven und der inklusiven Geldanlage ein. Die wichtigsten Unterscheidungsmerkmale möchte ich hier kurz für Sie zusammenfassen:

- Exkludierende Nachhaltigkeit: Beim Ausschlussverfahren, dem sogenannten exklusiven Negativ Screening, gilt es erstens zu entscheiden, wie streng ein Ausschluss definiert wird und zweitens, ob ein Best-in-Class-Ansatz (BiC) oder ein Best-in-Universe-Ansatz (BiU) verfolgt werden soll. Der gängigste Ansatz ist hierbei das normbasierte Screening (engl.: norm-based screening), welches sich auf die Überprü-

---

[5] Investieren mit grünem Gewissen https://www.liqid.de/magazin/investieren-mit-gruenem-gewissen. Zugegriffen am 29.03.2020.
[6] Marktbericht Nachhaltige Geldanlagen https://www.forum-ng.org/de/markt/fng-marktbericht. Zugegriffen am 10.09.2021.

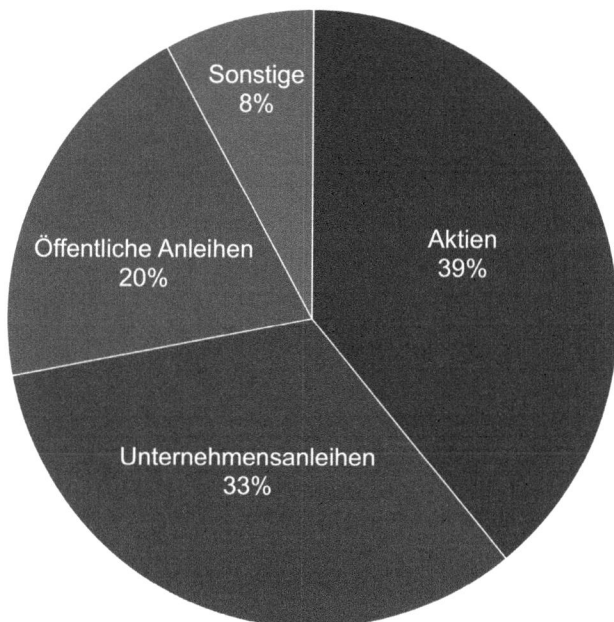

Abb. 12.1 Asset-Klassen nachhaltiger Fonds und Mandate in Deutschland 2020 (in %)

fung von Investitionen auf ihre Übereinstimmung mit internationalen Standards und Normen (z. B. ESG oder SRI) bezieht.

• Inkludierende Nachhaltigkeit/Impact Investing: Neben dem Ausschlussverfahren kann auch in besonders verantwortungs- und/oder wirkungsvoll wirtschaf-tende Unternehmen investiert werden. Dabei wird über ein inklusives Positiv Screening nach Unternehmen, Projekten, Stiftungen und Fonds gesucht, die einen besonders großen Impact (zu Deutsch: Wirkung) haben. Zwei weitere Ansätze der inklusiven Nachhaltigkeit sind das Engagement und die Stimmrechtsausübung (engl.: voting). Hierbei handelt es sich um Strategien, bei denen Nachhaltigkeit und Transparenz/Offenlegung über Corporate Governance und die aktive Eigentümerschaft durch Abstimmung und Engagement eingefordert werden.

Die Abb. 12.2 zeigt die nachhaltigen Anlagestrategien Fonds und Mandate in Deutschland.[7]

Einige Nachhaltigkeitsexpert:innen argumentieren deshalb, dass exkludierende Ansätze zu „nachhaltigeren" Anlagestrategien führen. In der Praxis ist dem aber nicht immer so, denn alle Nachhaltigkeitsansätze haben ihre eigenen Schwachpunkte:

---

[7] Marktbericht Nachhaltige Geldanlagen https://www.forum-ng.org/de/markt/fng-marktbericht. Zugegriffen am 10.09.2021.

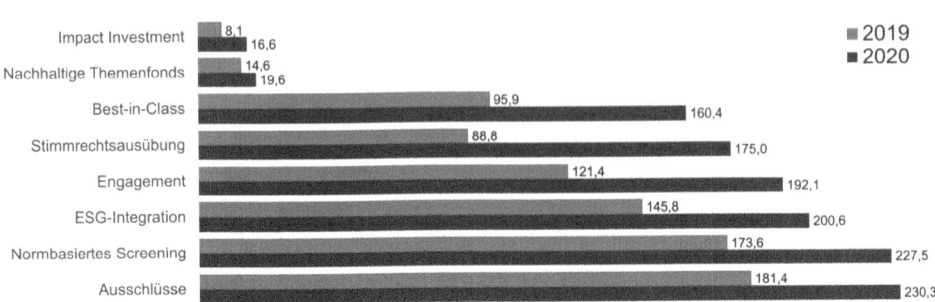

Abb. 12.2 Nachhaltige Anlagestrategien der Fonds und Mandate in Deutschland (in Milliarden Euro)

- Ein Problem, dass ich insb. beim BiC-Ansatz sehe, aber auch bei Engagement- und Voting-Ansätzen, ist dass sie ethisch und/oder ökologisch kontroverse Industrien direkt unterstützen. Darüber hinaus ist der tatsächliche Wirkungsgrad des Engagement- und Stimmrechtshebels nicht wissenschaftlich fundiert nachgewiesen.
- Ein weiteres Risiko: Sind die Kriterien zu lasch, verlieren Unternehmen den Anreiz, nachhaltiger zu wirtschaften und zu handeln, um sich für nachhaltige Fonds zu qualifizieren. In extremen Fällen könnten Ausschlusskriterien so sogar Greenwashing fördern. Gegenstimmen der BiC-, Engagement- und Voting-Philosophie verfolgen deshalb einen puristischeren Ansatz und sehen Divestment (Geldentzug) als einzige Option, sozial-ökologisch fragwürdige Unternehmen in die Schranken zu weisen und zu nachhaltigeren Geschäftspraktiken zu bewegen. Schließlich ist der Entzug von Kapital ein klares Indiz dafür, nicht an die Strategie und Zukunftsfähigkeit eines Unternehmens zu glauben.
- Sind die Anlage- und Ausschlusskriterien bei der Titelauswahl hingegen zu streng, wird die Risikostreuung (Diversifizierung) eingeschränkt. Zudem fallen Unternehmen, die nicht in allen Bereichen nachhaltig agieren aber einen wichtigen Beitrag für die Welt leisten, insbesondere nach dem Best-in-Universe-Ansatz oftmals vorschnell aus dem Raster.

12.2.3 Zwischen Greenwashing und Wertorientierung

Werteorientierung wird künftig einen besonders wichtigen Stellenwert in der Finanzbranche einnehmen. Allerdings denke ich nicht, dass ESG ein Allheilmittel für die großen Herausforderungen der Vermögensanlage des 21. Jahrhunderts ist, sondern bestenfalls eine gute Orientierungshilfe. Der Grund dafür ist relativ einfach: Unsere Wertvorstellungen unterscheiden sich nicht nur auf einer geopolitischen oder soziokulturellen Ebene, sondern auch auf einer für die meisten Anleger:innen sehr viel relevanteren Ebene: der persönlichen. Und genau darin liegt m. E. das Sustainable Finance Dilemma: Nachhaltigkeit ist ein Konzept mit Raum für Interpretation. Ein Konzept, das die Interessen nachfolgender

Generationen den unsrigen gegenübergestellt. Was für manche wichtig ist, ist anderen egal, triggert sie vielleicht sogar. Doch wie weit können – und müssen – wir darauf Rücksicht nehmen? Wie streng müssen wir sein und wie nachsichtig dürfen wir sein? Wie „customized" dürfen „Custom ESG".[8] Portfolios sein? Wo ziehen wir die Grenze zwischen dem, was wir unter dem Sammelbegriff „Nachhaltigkeit" akzeptieren und dem, was wir als „Greenwashing" bewerten?

Das beginnt schon bei der Kommunikation von Nachhaltigkeit im Onboarding. Katalogfragen wie: „Legen Sie Wert auf Nachhaltigkeit?" sind hier nicht differenziert genug. Damit (Custom) ESG als Angebot wahrgenommen wird, ist es deshalb wichtig, dass wir auch die Narrative der nachhaltigen Geldanlage ändern. Schon der Begriff „Nachhaltigkeit" ist für viele nicht greifbar und wird in der Branche nach wie vor belächelt. Nachhaltigkeit hat für viele schlichtweg keine Relevanz, da sie nicht in Bezug zum eigenen Leben zu stehen scheint. Wir wissen dank dem Nobelpreisträger Prof. Daniel Kahneman, dass Menschen Verluste um jeden Preis verhindern möchten – die Verlustaversion überwiegt die Möglichkeit der Gewinnmaximierung (Kahneman, 2011). So entstehen automatisch Gedanken wie „was kostet mich Nachhaltigkeit und worauf muss ich durch oder für sie verzichten?". Leichter wird die Kommunikation hingegen, wenn auf konkrete Anwendungsfälle eingegangen wird: „Legen Sie Wert darauf, ob Ihre Kleidung von Kindern und unter Einsatz toxischer Chemie hergestellt wurde?" wirkt deutlich stärker als „Legen Sie Wert darauf, ob Ihre Kleidung nachhaltig hergestellt wurde?". Gleichfalls sind explizite Fragen wie „Wünschen Sie sich für Ihr Portfolio Aktien von Unternehmen, die mit Ihrem Kapital Ausbeutung, Kinderarbeit, Klimasünden oder Gewalt und Kriege finanzieren?" deutlich konkreter als implizite Floskeln wie „legen Sie Wert darauf, ob Ihr Portfolio nachhaltig ist?". Das Sustainable Finance Dilemma wirft zudem die Frage nach den individuellen Zielen, Beweggründen und Erwartungshaltungen der Anleger:innen auf: Investieren sie in nachhaltige Finanzprodukte um eine positive Rendite zu erzielen, um ihr Gewissen zu beruhigen, oder um mit ihrem Kapital einen positiven Impact zu ermöglichen und die Welt zu einem besseren Ort zu machen? Wie definieren sie für sich Nachhaltigkeit – und wann ist die Welt z. B. ein „besserer" Ort? Die Antworten hierauf fallen oft sehr unterschiedlich aus – und nur selten binär.

Hinzu kommt: Nachhaltigkeits-Ratings basieren auf dem Vertrauen in die (Auf)Richtigkeit von Unternehmensangaben. Aktuell basiert der Großteil der SDG-, ESG- oder SRI-Daten auf den Eigenangaben der Unternehmen. Zwar können Daten anbieter:innen und Rankingagenturen Plausibiltätsprüfungen durchführen und vereinzelte Unternehmen besuchen, doch ist es unmöglich dies im gesamten Anlageuniversum umzusetzen. Das ist ein Problem, denn die benötigte Vertrauensbasis haben viele Unternehmen durch verantwortungslose Geschäftspraktiken und Schummeleien in der Vergangenheit mehrfach verspielt. Schlimmer noch: Aus Unternehmenssicht kann Greenwashing kurzfristig sehr

---

[8] Gemeint sind hier individuelle Nachhaltigkeitsstrategien unter Berücksichtigung der ESG-Klassifizierung, nicht die Custom ESG Indices von MSCI oder Northern Trust.

verlockend sein. Solange noch keine allgemeingültigen Messungsstandards für SDG, ESG oder SRI existieren (oder fälschungssichere Blockchainanwendungen bestehen), müssen Finanzunternehmen und Anleger:innen also auf die Meldungen von Unternehmen oder unabhängigen Datenanbieter: innen vertrauen – ohne eine wirkliche Möglichkeit zu haben, die Angaben zu überprüfen.

Wie also kann es uns gelingen, nachhaltige Anlagestrategien zu entwickeln, die die individuellen Ziele und Wertvorstellungen der Anleger:innen reflektieren und zugleich von der Mehrheit als „nachhaltig" akzeptiert werden? ESG-ETFs und -Aktienfonds sowie Spareinlagen bei nachhaltigen Banken sind hier oft zu breit aufgestellt. Nachhaltige Themenfonds sind schon etwas differenzierter, doch sind in sich oft nicht ausreichend diversifiziert. Bleiben noch nachhaltige Projekte und Einzeltitel. Sie sind mit Abstand am individuellsten, doch die Auswahl geeigneter Werte überfordert die meisten Anleger:innen. Einmal abgesehen von der Herausforderung, verlässliche und wahrheitsgetreue ESG-Daten zu erhalten, bestehen derzeit die größten Herausforderungen des Custom-ESG insbesondere in der strategischen Ausrichtung einerseits sowie in der technischen Umsetzung andererseits. Eine mögliche Antwort hierauf bietet m. E. eine modifizierte Kombination aus dem effektiven Altruismus und der Bionic Advisory, welche ich in den folgenden Kapitel vorstelle.

12.3 Der effektive Altruismus als alternative Entscheidungsgrundlage für Custom ESG

12.3.1 Der effektive Altruismus

In diesem Kapitel möchte ich Ihnen gerne eine Ergänzung zu den gängigen nachhaltigen Anlagestrategien vorstellen: Der effektive Altruismus ist ein Instrument für Philanthrop:innen (Wohltäter:innen) und Altruist:innen (selbstlose, uneigennützige Menschen), um in sämtlichen Lebensbereichen fundierte Entscheidungen über die größtmögliche Wirksamkeit zu treffen, wie sie ihre Zeit, ihre Energie und ihr Vermögen einsetzen.

Der Duden definiert Altruismus als „selbstlose Denk- und Handlungsweise; Uneigennützigkeit".[9] Doch das ist hier nicht gemeint. Im Gegenteil ist der effektive Altruismus oft sehr eigennützig – denn Gutes tun ist oft gut für das eigene Befinden und das eigene Gewissen. „So wie ich den Begriff (Altruismus) verwende, bedeutet Altruismus einfach, das Leben anderer zu verbessern. Viele Menschen meinen, wirklicher Altruismus gehe mit Opferbereitschaft einher. Aber man kann auch Gutes tun, ohne selbst auf ein angenehmes Leben verzichten zu müssen. Altruismus ist auch Altruismus, wenn er unser eigenes Leben nicht beeinträchtigt. Der zweite Bestandteil ist die Effektivität". Effektiver Altruismus bedeutet, mit den Mitteln, die uns zur Verfügung stehen, möglichst viel Gutes zu tun",

---

[9] https://www.duden.de/rechtschreibung/Altruismus. Zugegriffen am 10.09.2021.

argumentiert (vgl. MacAskill, 2016, S. 28). Er bietet Orientierung bei der Auswahl, welche Unternehmen, Projekte oder Hilfsorganisationen sie unterstützen sollten, welche Produkte und Dienstleistungen sie kaufen oder boykottieren sollten, worauf sie Ihre Berufswahl begründen sollten, oder welches freiwillige/ehrenamtliche Engagement für sie geeignet sein könnte. Der Clou: Wir müssen zwischen der wahrgenommenen Wirkung und der tatsächlichen Wirkung unterscheiden.

Die größtmögliche Wirkung von Kapital lässt sich wissenschaftlich berechnen. So die bahnbrechende These von William MacAskill, Professor für Philosophie an der Universität Oxford, Direktor der Forethought Foundation for Global Priorities Research, Mitbegründer und Präsident des Centre for Effective Altruism (CEA), Co-Gründer der gemeinnützigen Organisation 80.000 Hours und Gründervater des effektivem Altruismus. In seinem Buch „Gutes besser tun: Wie wir mit effektivem Altruismus die Welt verändern können" beschäftigt sich MacAskill mit der Frage: „Wie kann ich möglichst viel Gutes bewirken?" (vgl. MacAskill, 2016, S. 21 ff.). Anhand zahlreicher Beispiele zeigt MacAs-kill, dass öffentliche Aufmerksamkeit und Emotionalität zwar sehr wirksame PR-Instrumente sind, aber keinerlei Aussagekraft über die Wirksamkeit von Projekten haben.

So hat etwa der Harvard-Professor Michael Kremer nachgewiesen, dass das Bereitstellen von Büchern für benachteiligte Schulkinder in 14 afrikanischen Schulen zwar äußerst PR-wirksam war, in Wirklichkeit aber keinen nennenswerten Einfluss auf das Bildungsniveau hatte. Eine (weniger emotionale) Entwurmungskur konnte die Anwesenheitsrate (und damit korrelierend die Schulleistungen) hingegen um 25 % steigern: „Weltweit sind 1 Milliarde Menschen von einem solchen Parasitenbefall (Darmwürmer) betroffen. (…) dabei können sie mit sehr geringen Kosten beseitigt werden", erklärt MacAskill und fährt fort: „behandelte Kinder verbrachten zwei zusätzliche Wochen in der Schule, was bedeutete, dass mit einer Investition von 100 Dollar die Zahl der in der Schule verbrachten Zeit um insgesamt zehn Jahre verlängert werden konnte. Es kostete also nur 5 Cent, einem Kind zu ermöglichen, einen Tag zur Schule zu gehen. (…) Als sich Kremers Kollegen zehn Jahre später fragten, was aus den damaligen Probanden geworden war, stellten sie fest, dass jene, die als Schüler entwurmt worden waren, durchschnittlich 3 bis 4 Stunden in der Woche länger arbeiteten und 20 % mehr verdienten als jene, die als Kinder nicht entwurmt worden waren. Tatsächlich war das Entwurmungsprogramm derart wirksam, dass es sich durch die erhöhten Steuereinnahmen schnell selbst finanzierte." (vgl. MacAskill, 2016, S. 27 ff.).

Während das Naheliegende (etwa das Spenden für Bücher/Lehrmaterial) also kaum eine nennenswerte Wirkung erzielte, konnte eine Analyse des fundamentalen Problems – das Bildungsniveau war vor allem aufgrund hoher Fehlzeiten niedrig – einen unterfinanzierten Bereich aufdecken und eine nachhaltige Verbesserung erzielen. MacAskill betont: „Um wirksam Gutes zu tun, muss man einen wissenschaftlichen Zugang wählen. So wie der Wissenschaftler einen aufrichtigen und unvoreingenommenen Versuch unternimmt, die Wahrheit zutage zu fördern und sie zu akzeptieren, wie auch immer sie aussieht, unternimmt der effektive Altruist einen aufrichtigen und unvoreingenommenen Versuch herauszufinden, was das Beste für die Welt ist, und zu tun, was auch immer das Beste ist." (vgl. MacAskill, 2016, S. 27 ff.).

12.3.2 Die Impact-Geldanlage nach dem effektiven Altruismus

Impact Investments sind Investitionen in Unternehmen, Organisationen und Fonds mit der Absicht, neben einer finanziellen Rendite auch positive soziale, ökologische und/oder ökonomische Auswirkungen zu erzielen. Die Investitionen sind oft unternehmens- oder projektspezifisch und unterscheiden sich daher von der Philanthropie, da der oder die Investor:in weiterhin Eigentümer:in des Vermögens bleibt und eine Rendite erwartet, anstatt das Geld für gute Zwecke zu spenden. Im Mittelpunkt steht dabei die Frage: „Welche Wirkung erzielt (m)eine Investition?" Und zwar für die Gesellschaft, für die Umwelt und schlussendlich für eine/n selbst. Denn wir alle profitieren von mehr Nachhaltigkeit im Finanzsektor!

Der Impact eines Unternehmens (oder Projektes) orientiert sich dabei üblicherweise an den 17 SDG (Sustainable Development Goals, zu Deutsch: Nachhaltigkeitsziele), die im Jahr 2012 auf der Rio+20-Konferenz von den Vereinten Nationen (United Nations, UN) definiert wurden. Für eine Impact Investment-Strategie können z. B. ausschließlich Unternehmen in das Portfolio aufgenommen, die mindestens die Hälfte ihres Umsatzes in einem oder mehreren der 17 SDG-Segmente erwirtschaften. Je höher der kumulierte SDG-Umsatz der Unternehmen im Portfolio ist, desto nachhaltiger bzw. wirkungsvoller ist das Portfolio zu bewerten.

Die Impact-Geldanlage nach dem effektiven Altruismus geht noch einen Schritt weiter. Sie beschäftigt sich einzig und allein mit der Frage: „Wie kann ich mit meinem Geld oder dem Geld meiner Kunden die größtmögliche Wirkung erzielen?". Um wirklich nachhaltig zu sein, muss natürlich sichergestellt werden, dass das Projekt möglichst keinen Schaden anrichtet. Die optimale nachhaltige Geldanlage kombiniert deshalb die Frage nach der Wirkung (SDG Impact) mit den SRI-Leitplanken („böse" Unternehmen auszuschließen) und den ESG-Kriterien („nachhaltige" Unternehmen identifizieren). Dazu stellt der effektive Altruismus fünf Schlüsselfragen, die helfen sollen, die Impact-Analyse messbar zu machen und typische (Denk-)Fallen zu umgehen, die auf Annahmen gründen (vgl. MacAskill, 2016, S. 23):

- „Wie viele Menschen profitieren davon – und in welchem Maß?"
- „Ist dies das Wirksamste, das Sie tun können?"
- „Ist dies ein vernachlässigter Bereich?"
- „Was wäre andernfalls geschehen?"
- „Wie gut sind die Erfolgsaussichten, und wie viel wäre ein Erfolg wert?"

So simpel und edel der Grundansatz auch ist, so komplex ist leider die Umsetzung, denn sie setzt aufwändige Datenerhebungen und Berechnungen voraus. Bisher findet der effektive

Altruismus vor allem im Fundraising und in der Entwicklungshilfe Anwendung. Doch das Potenzial ist offensichtlich viel größer. Nach meiner Einschätzung ist die Impact-Geldanlage nach dem effektiven Altruismus eine höchst interessante Weiterentwicklung der nachhaltigen Vermögensanlage. Darüber hinaus eignet sich der effektive Altruismus auch hervorragend für die Kommunikation und Positionierung; gerade, weil er nicht immer in die naheliegenden Lösungen investiert, sondern oftmals überrascht.

12.3.3 Herausforderungen der Impact-Anlage nach dem effektiven Altruismus

Impact-Unternehmen stellen an der Börse leider eine Rarität dar. Nachhaltige Einzeltitel sind i. d. R. börsennotierte Aktien von Unternehmen, die den SRI und ESG-Kriterien entsprechen. Der Impact im Sinne der 17 Nachhaltigkeitsziele (SDGs) steht allerdings insbesondere bei börsennotierten Unternehmen nicht immer an erster Stelle, da sie in erster Linie eine Verantwortung gegenüber den Aktionär:innen haben: Die Gewinnerzielung. Erst wenn diese sichergestellt ist, können sie sich ihrem Impact widmen. Anders sieht es mit Social Impact-Unternehmen in Verantwortungseigentum aus. Nicht die Aktionär:innen „besitzen" hier das Unternehmen, sondern die Mitarbeiter:innen übernehmen eine treuhänderische Verantwortung auf Zeit, wie es bei Alnatura oder Ecosia.com der Fall ist. Diese sind jedoch naturbedingt nur selten öffentlich handelbar. Um eine Anlagestrategie nach dem effektiven Altruismus aufzustellen, müssen Finanzunternehmen deshalb über den regulierten Tellerrand blicken und auch außerhalb der Welt börsennotierter Unternehmen nach solchen Unternehmen und Projekten suchen, die wirklich einen Impact leisten. Denn: Ein echter Purpose und eine echte Mission decken sich nicht immer mit dem Shareholder Value und den Entscheidungen aus der Vorstandsriege. Gerade im Finanzbereich wird der Unterschied zwischen unseren Wertvorstellungen, unseren Vermögenswerten und unserem „Wert" als Lebewesen besonders deutlich.

12.4 Bionic Advisory – Die naturinspirierte Vermögensberatung

12.4.1 Bionic Advisory ist mehr als ein Buzzword

In meiner Rolle als Head of Research & Business Development Europe bei Privé Technologies, einem global agierenden FinTech-Anbieter für Private Banking-Lösungen, habe ich mich intensiv mit den vielversprechendsten Trends und Entwicklungen im Finanzmarkt beschäftigt. Dabei bin ich erstmals auf den Begriff „Bionic Advisory" (zu Deutsch: bionische Vermögensanlageberatung und -vermittlung) gestoßen, ein Beratungsansatz, der sich seit einigen Jahren in Nordamerika und Asien unter technologieaffinen Finanzdienstleister:innen durchsetzt. Bisher stecken hinter den meisten Lösungen im Markt (noch) überwiegend modern anmutende Robo Advisors, die mit Bionik nur wenig zu tun haben.

Allerdings hat mich die Idee einer Bionik-basierten Vermögensanlage gefesselt. Und so habe ich knapp drei Jahre damit verbracht, die Anwendungsmöglichkeiten der Bionik im Finanzbereich zu erforschen. Das Ergebnis ist die 600-seitige Meta-Studie „Bionic Wealth: Die nächste Generation der Vermögensanlage orientiert sich am Leben" (ISBN-13: 979-8528775265). In den folgenden Absätzen möchte ich Ihnen die wichtigsten Erkenntnisse aus meiner Forschung vorstellen und argumentieren, warum Bionic Advisory das ideale Instrument für die Umsetzung von skalierbarer und massentauglicher Custom ESG ist.

12.4.2 Die Bionik orientiert sich an der Natur

Die Natur ist agil. Sie ist hypervernetzt. Sie ist nachhaltig. Sie ist ständig im Wandel. Und sie hat Jahrmillionen Vorsprung in der Orchestrierung von komplexen Prozessen und Ökosystemen. Über einen langwierigen Prozess der Adaption, Evolution und Mutation konnten sich Pflanzen, Tiere, Pilze, Bakterien, Viren und andere Organismen perfekt an ihre Umgebung anpassen. Die Fähigkeiten und Eigenschaften, die daraus resultierten, können uns wertvolle Impulse und Lösungen für innovative Technologien, Prozesse und Systeme liefern.

Das interdisziplinäre Forschungsfeld der Bionik[10] beschäftigt sich mit dem Übertragen eben dieser Naturphänomene auf die technischen, technologischen und organisatorischen Herausforderungen unserer Zeit. Im Vordergrund stehen dabei das Beobachten, Entschlüsseln und Übertragen von biologischen Phänomenen auf die Technik und die Technologie sowie auf Prozesse und Organisationsformen.[11] Dies kann sowohl Top Down als auch Bottom Up stattfinden, je nachdem ob in der Natur eine Lösung für ein Kernproblem gesucht wird, oder ob Anwendungsmöglichkeiten für ein zuvor beobachtetes Naturphänomen gesucht werden. Dabei geht es jedoch um weit mehr als nur das Imitieren der Natur. Es geht um die Frage, wie ihre Prinzipien und Funktionsweisen erkannt, beobachtet, verstanden und auf technische Herausforderungen der Menschen übertragen werden können. Die daraus entstehenden Errungenschaften können als eine Ergänzung und Weiterentwicklung der menschlichen Fähigkeiten begriffen werden – als Enhancement. Die Abb. 12.3 zeigt die Systematisierung.

---

[10] Der deutsche Begriff „Bionik" setzt sich aus „Biologie" und „Technik" zusammen und lässt sich auf den englischen Begriff „bionics" zurückführen, der 1960 von Jack E. Steele unter dem Vortragstitel: „Bionics Symposium: Living Prototypes – The Key to New Technology" vorgestellt wurde und sich aus „bios" (griech.: Leben) und dem Suffix „-onics" (das Studium von) ableitete. Bionik wird hier als Kofferbegriff für die Biomimicry, Biomimetik und Biomimese sowie die eng verwandte technische Biologie verwendet (Mühl, 2021).

[11] Nach Dr. phil. Utz Anhalt gilt ein Produkt bzw. Prozess dann als bionisch, wenn es: (1) ein biologisches Vorbild hat (2) von diesem Vorbild abstrahiert (3) auf eine technische Anwendung übertragen wird https://www.heilpraxisnet.de/themen/bionik-geschichte-themen-beispiele/. Zugegriffen am 05.09.2021.

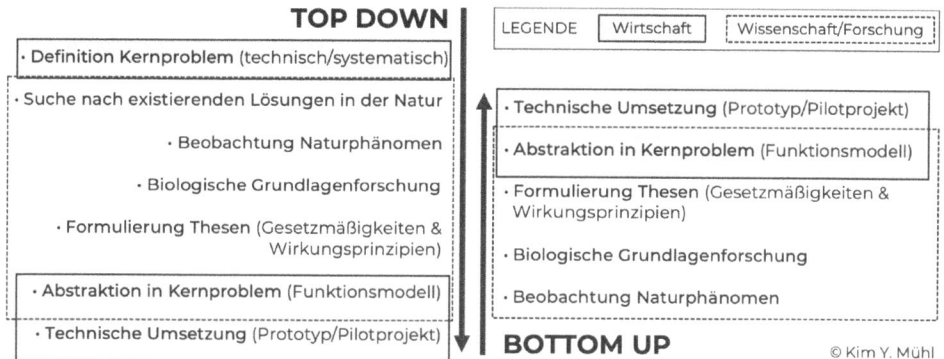

Abb. 12.3 Top Down vs. Bottom Up Bionic Innovation in Anlehnung an Mühl (2021)

Die Anwendungsfelder der Bionik sind branchenübergreifend und umfassen u. a. Lösungen rund um Aerodynamik, Bewegung und Mobilität, Baumaterialien und Strukturen, Klima- und Energieeffizienz, Verfahrenstechnik, Sensorik, Systemorganisation, Maschinen, Mechanik und Robotik sowie IT- und künstliche Intelligenz-Anwendungen und Algorithmen, die auf Evolutionsprinzipien beruhen.

Schon der Bionik-Vorreiter Leonardo da Vinci hat intuitiv gespürt, dass das Imitieren der Natur ein Fortschritt und kein Rückschritt ist, als er die erste Flugmaschine am Vorbild der Vögel entwarf. Seither ist es mithilfe der Bionik gelungen, biologische Phänomene auf die Architektur, die Luft-, Schiff- und Raumfahrt, die Robotik und Sensorik, sowie auf viele andere Bereiche zu übertragen – bis hin zu Computerviren, künstlichen neuronalen Netzwerken und evolutionären Algorithmen. Und sogar agile und dezentrale Organisationsformen orientieren sich heute (wieder) an der Natur.

Heute verdanken wir der Bionik eine Vielzahl von Errungenschaften, vom Klettverschluss und der Rohrzange bis hin zu dreidimensionalen Supercomputern. So werden heute in der Industrie beispielsweise langlebige Dichtringe eingesetzt, die auf dem Selbstheilungsprinzip der Ficus-Pflanze beruhen. In der Architektur revolutionieren von Termitenbauten inspirierte Heiz- und Belüftungssysteme die Branche (Stichwort: Eastgate, Simbabwe). Und Unternehmen organisieren sich zunehmend wie agile und selbstregulierende Ökosysteme (Stichwort Holokratie und New Work). Ohne Vorbilder aus der Tier- und Pflanzenwelt existierten heute weder moderne Flugzeugflügel, Helikopterrotoren und U-Boote, noch der Kompass, das Echolot, das Ultraschallgerät, die Wasserstofftechnologie, moderne Recyclingverfahren, HighTech-Retinaimplantate, neuronale Netzwerke oder Computerviren – um nur ein paar Beispiele zu nennen (vgl. Mühl, 2021, S. 9 ff.).

Auch im Finanzbereich ist die Bionik angekommen und ermöglicht uns u. a. mithilfe evolutionärer Algorithmen überlegene Finanzportfolios zu erstellen. Doch die Idee, Naturphänomene auf den Finanzbereich zu übertragen, ist nicht neu. So wandte Leonardo Fibonacci schon im 13. Jahrhundert das von Euklid (ca. 300 v. Chr.) erstmalig beschriebene Prinzip des Goldenen Schnitts auf die Mathematik an – und legte damit den

Grundfeiler für die bis heute eingesetzten Fibonacci-Retracements. Neu sind hingegen die umfassenden Möglichkeiten, die mit unseren heutigen Kenntnissen aus den IT- und Naturwissenschaften zur Verfügung stehen. Höchste Zeit also, dass wir uns fragen: Was kann die Finanzbranche von der Natur lernen und wie können wir dieses Wissen ins digitale Zeitalter übertragen?

12.4.3 Bionic Advisory hoch digital und menschlich

In „Bionic Wealth" argumentiere ich, dass die Provisionsmodelle der traditionellen Vermögensverwaltung (u. a. Private Banking, Wealth Management, Family Offices und Familienstiftungen) dazu führen, dass weite Teile der Gesellschaft aufgrund der (zu geringen) Höhe ihres frei verfügbaren Kapitals diskriminiert werden. Voll-digitale Robo Advisors gewähren zwar vergleichsweise mehr Menschen den Zugang zu den Kapital-märkten, verzichten im Gegenzug aber auf wichtige zwischenmenschliche Komponenten. Denn während digitale Beratungsprozesse Sympathiepunkte gewinnen können, werden Empathie und Vertrauen (im Sinne der Kundenbeziehung) zur größten Herausforderung der digitalen Beratung. Das Trade-off hier lautet also Automatisierung und Skalier-barkeit versus Empathie und Vertrauen. Beide Ansätze haben ihre Berechtigung und Zielgruppe am Markt. Doch halte ich sie nicht für die einzig möglichen Ansätze der professionellen Vermögensanlageberatung und -verwaltung. Denn zwischen „concierge finance" und „digital first" liegt ein ganzes Spektrum an Ansätzen, die eine ganzheitlichere Betreuung der Vermögenswerte sowie relevantere Kundeninteraktionen ermöglichen. Besonders großes Potenzial schreibe ich dabei der Bionic Advisory zu, welche ich nachfolgend kurz vorstellen möchte. Die Bionic Advisory kombiniert personalisierte Beratung mit goal-based wealth planning und automatisierten Hintergrundprozessen. Vereinfacht ausgedrückt treten Finanzberater:innen bei der Bionic Advisory als In-termediär:innen zwischen Anleger:in und Asset Management auf und übersetzen die Ziele, Wertvorstellungen und Fitnessfaktoren (Anlageklassen-Präferenzen, erstrebte Ren-dite, Risikobereitschaft/Volatiltät, Sharpe Ratio, Umschichtungs-Präferenzen, usw.) der Kund:innen gemeinsam mit diesen in Parameter, die anschließend von bionischen State-of-the-Art-Technologien in Anlagestrategien übertragen werden. Damit verändert sich auch der üblicherweise lineare Beratungsprozess: Anstatt Finanzprodukte und Anlagestrategien im stillen Kämmerchen zu entwickeln treten Bionic Advisors mit ihren Kund:innen in ein partnerschaftliches Verhältnis, das auf Dialog, Transparenz und Interaktion aufbaut.

Im Wesentlichen unterteilt sich die Bionic Advisory in zwei Gruppen: Das Digital Advisor-Modell und das High-Touch Advisor-Modell. Das Digital Advisor-Geschäftsmodell bietet Anleger:innen den leichten Einstieg in die hybride Vermögens-anlage: Berater:innen leisten die Erstberatung und Parameter-Einrichtung. Anschließend übernimmt eine digitale Plattform. Im Bedarfsfall wird die überwiegend digitalisierte Anlageempfehlungen zusätzlich um persönliche Kundenberatung ergänzt. Im Unterschied dazu stellt das High-Touch Advisor-Servicemodell die persönliche Interaktion in

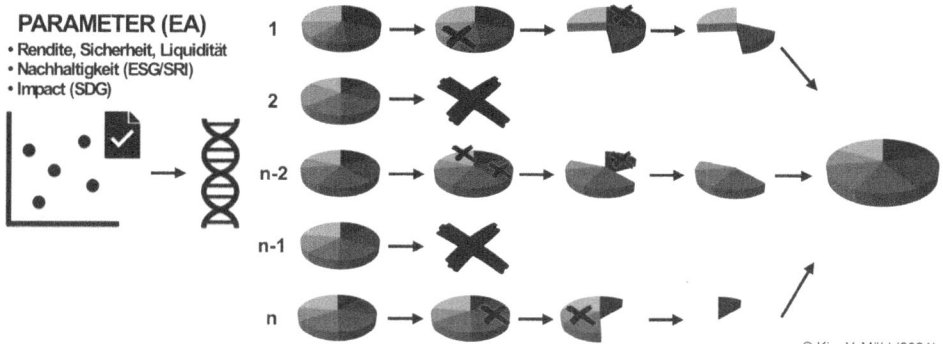

Abb. 12.4 Bionic Custom ESG – evolutionärer Portfoliokonstruktionsprozess

den Mittelpunkt und bietet Investor:innen mit komplexen Finanzbedürfnissen eine maßgeschneiderte Kundenerfahrung. Die Beratung umfasst hier sowohl die traditionellen Angebote im unteren Leistungsspektrum (Low-Tier Leistungsklassen) als auch die individuelle Unterstützung bei der Finanz-, Vorsorge- und Nachlassplanung. Die Abb. 12.4 zeigt den evolutionärer Portfoliokonstruktionsprozess.[12]

Die hybride Bionic Advisory kombiniert die wichtigsten Kompetenzen der Menschen – etwa bei der Erstellung von algorithmischen Leitplanken und ethischen Richtlinien – mit der unbestreitbaren Logik und grenzenlosen Kapazität der Informationserfassung und -verarbeitung von Maschinen. Im Vordergrund steht dabei die persönliche zwischenmenschliche Beziehung. Sie stellt die Vertrauensbasis der Zusammenarbeit dar und kann sowohl analog als auch digital stattfinden. Im Hintergrund unterstützen digitale Technologien und datengetriebene Customer Relationship Management-Systeme die Bionic Advisors dabei, ihre begrenzten Ressourcen (Zeit und Aufmerksamkeit) optimal zu verteilen, den gesamten Kundenlebenszyklus zu begleiten und nachhaltige Anlagestrategien gezielt nach den Interessen und der Lebenssituation der Kund:innen zu erstellen. Erweitert um Technologie ist der menschliche Service so in der Lage, Kund:innen bei allen Finanzentscheidungen schnell, flexibel und individuell, aber auch persönlich und empathisch zu unterstützen.

Die Anlagevorschläge selbst kommen hier nicht von den Berater:innen, sondern von Portfolio Management Systemen die auf bionische Anwendungen wie Künstliche Intelligenz, maschinelles Lernen und evolutionäre Algorithmen[13] setzen. Diese Technologien

---

[12] aus Basis von https://www.wealthmanagement.com/technology/understanding-hybrid-advisor-model. Zugegriffen am 15.07.2021.

[13] In ihrem Paper „Genetic algorithm application to portfolio optimisation" stellen die Riskcare Financial Services and Technology Consultants Emanuele Stomeo, Ksenia Ponomareva, Simone Caenazzo und Rohit Jha die Anwendungmöglichkeiten eines evolutionären Algorithmus (EA) zur Portfolio-Optimierung vor, der die Einschränkungen des Efficient Frontier (Portfolio-Theorie) reduziert. Im Fazit des Papers schlussfolgern die Autor:innen: Die in dieser Arbeit durchgeführten

ermöglichen umfassende Portfolio Fitness Tests, erleichtern die Informationsbeschaffung sowie die Mustererkennung, gestatten die vollautomatisierte Erstellung von Portfolios und ermöglichen im Unterschied zu herkömmlichen Computerskripten und -algorithmen Evolution und Mutation. Letzteres ist unabdingbar, denn das Prinzip des maschinellen Lernens basiert zum einen auf der Fähigkeit von (biologischen und digitalen) Wesen, zu experimentieren, Erfahrungen zu sammeln und daraus Schlüsse zu ziehen und zum anderen auf der Fähigkeit, Zufälle zuzulassen und sogar aktiv herbeizuführen. Genau diese Zufälle, die wir i. d. R. als Fehler klassifizieren, sind das Erfolgsrezept der sogenannten Evolutionsbionik.

Hinsichtlich des Anlageuniversums ist die Bionic Advisory – im Unterschied zu den meisten Robo-Advisors – allerdings nicht auf ETFs und wenige Strategien (Modellportfolios) beschränkt, die auf alle Kund:innen angewandt werden. Vielmehr ist das an die Beratung geknüpfte Bionic Wealth Management aufgrund leistungsstarker Research- und Portfoliomanagementsysteme in der Lage, digitale Anlagetechnologie mit fundierter Erfahrung zu kombinieren. Die so entstehenden Strategien können von virtuellen Musterportfolios bis hin zu maßgeschneiderten Portfolios reichen.[14]

12.5   Bionic Custom ESG

In den vorangegangenen Kapiteln habe ich das Sustainable Finance Dilemma diskutiert und Impact Investments auf Basis des effektiven Altruismus als mögliche Alternative zu gängigen ESG- und Impact-Anlagestrategien vorgestellt. In diesem Abschnitt möchte ich beispielhaft aufzeigen, wie die Bionic Advisory unter Zuhilfenahme von evolutionären Algorithmen (EA) die Custom ESG auf die nächste Stufe heben kann. Bionic Custom ESG erfolgt in vier Schritten:

- Im ersten Schritt werden die Parameter für den EA definiert, also die individuellen Ziele und Fitnessfaktoren sowie der angestrebte Impact. Die Grundlage dafür bieten das magische Viereck (Rendite, Sicherheit, Liquidität und Nachhaltigkeit, bzw. ESG/SRI) sowie die 17 SDG.
- Im zweiten Schritt wird das Anlageuniversum gemäß den gewählten Parametern definiert. Dieses kann sich aus börsennotierten Einzeltiteln und Fonds zusammensetzen, aber auch außerbörsliche Unternehmen oder nachhaltige Projekte, Stiftungen, Fonds und Digital Assets (z. B. Security Token, Kryptwährungen oder NFT) umfassen. Ob

---

Experimente zeigen, dass die Leistung des Algorithmus durch die Wahl der relevantesten genetischen Operatoren, Populationsgröße und Mutationsparameter für den spezifischen Datensatz und das zu lösende Optimierungsproblem optimiert werden kann. Dies ist analog zur Abstimmung von Hyperparametern in neuronalen Netzen (Stomeo und Caenazzo, 2020).

[14] Der einschränkende Faktor hier sind die Kosten für Rechenleistung, die bei der Simulation anfallen und idealerweise im Rahmen von Cloud Computing-Lösungen temporär skalierbar sind.

hier ein exklusiver oder inklusiver Ansatz gewählt wird, liegt im Ermessen der Bionic Advisors und/oder der Kund:innen.

- Ist das nachhaltige Anlageuniversum definiert, folgt im finalen Schritt die Zusammenstellung des Portfolios mithilfe eines EA. EA funktionieren nach dem Darwinistischen Evolutionsprinzip „Survival of the fittest". Dazu wird zunächst nach dem Zufallsprinzip ein Multiversum von möglichen Portfolios aus dem vordefinierten (nachhaltigen) Anlageuniversum generiert. Anschließend durchläuft jedes einzelne einen genetischen Fitnesstest (i. d. R. via Back Testing-Verfahren). Dabei geht die KI nach dem Ausschlussverfahren vor und sucht nach Schwächen in der Diversifikation, Zusammenstellung und Gewichtung, während sie die stärksten Merkmale und Eigenschaften der Portfolios erlernt. Aus diesen wird die nächste Generation zufällig zusammengesetzter Portfolios generiert und der iterative Vorgang beginnt erneut. Am Ende der Simulation schlägt das System ein optimiertes ESG-konformes Portfolio vor, dass genau auf die vorgegebenen Parameter abgestimmt ist.

12.6 Fazit: Sustainable Finance muss individuelle Wertvorstellungen reflektieren

Nachhaltigkeit ist unsere persönliche, gesellschaftliche, finanzielle und berufliche Zukunft. Und Nachhaltigkeit wird gesetzlich vorausgesetzt. Genauer gesagt wird ESG-Compliance durch eine neue EU-Verordnung zur Nachhaltigkeit ab 2022 verpflichtend für den Finanzbereich. Noch haben wir Handlungsspielraum und können die Auswirkungen unserer Entscheidungen berücksichtigen und positiv beeinflussen. Spätestens in den 2030er Jahren müssen nicht-nachhaltig agierende (Finanz-)Unternehmen viel Geld in die Hand nehmen, um den zunehmenden Nachhaltigkeits-Regularien gerecht zu werden.

Allerdings sind Sustainable Finance und die zugrundeliegenden Wertvorstellungen der Anleger:innen m. E. nach zu individuell, um sie sinnvoll über weichgespülte ESG-ETFs oder inklusive Anlagestrategien (z. B. Engagement und Voting-Strategien) umzusetzen – die ohnehin oft an Greenwashing grenzen. Custom ESG-Ansätze füllen diese Lücke und bieten personalisierte Lösungen. Sowohl der effektive Altruismus als auch die Bionic Advisory bzw. evolutionäre Algorithmik prägen und betreten in diesem Zusammenhang ein vollkommen neues Feld der nachhaltigen Geldanlage.

Klassische „nachhaltige" ESG- und SRI-Anlagestrategien prüfen, in welche Unternehmen noch investiert werden kann, um eine positive Rendite zu erzielen. Zweifelsohne müssen auch nachhaltige Investmentstrategien eine gewisse Profitabilität mit sich bringen. Doch im Kontext der Nachhaltigkeit darf das magische Dreieck (Rendite, Sicherheit und Liquidität) nicht den allein ausschlaggebenden Entscheidungsfaktor darstellen. Die eigentliche Frage der nachhaltigen Vermögensanlage sollte lauten: Was bewirkt das Unternehmen/Asset und auf wessen Kosten wird diese Wirkung erzielt? Die fünf Schlüsselfragen des effektiven Altruismus bieten hier Orientierung:

- Wer profitiert und in welchem Ausmaß?
- Ist dieses Projekt/Unternehmen das Wirksamste, das meine Investition unterstützen kann?
- Ist der investierte Bereich sonst vernachlässigt?
- Was würde ohne die Investition geschehen?
- Wie hoch sind die Erfolgsaussichten, und wie viel wäre ein Erfolg wert?

Hier genießt die Bionic Advisory einen großen Heimvorteil, denn sie ist einerseits näher an den Kund:innen dran, als voll-digitale Lösungen und andererseits besser in der Lage viele Anleger:innen individuell zu bedienen, als traditionelle Ansätze der Vermögensberatung und -verwaltung. Allerdings fehlt zum heutigen Zeitpunkt eine öffentlich zugängliche effektiver Altruismus-Datenbank, die Impact-Berechnungen zu einem breiten Spektrum von Unternehmen und Projekten beinhaltet, welche anschließend automatisiert mit ESG-/SRI-Kriterien und -Ausschusslisten abgeglichen werden können, um ein initiales Anlageuniversum für evolutionäre Algorithmen (EA) zu definieren.

12.6.1 Die Bionic Advisory leitet einen Paradigmenwechsel ein

Bisher war Custom ESG überwiegend im Bereich hochpreisigen Private Banking-Segmentes auf manueller Ebene möglich. Mit der Bionic Advisory – einem hybriden Beratungsansatz – wird Custom ESG erstmalig skalierbar. Gleichzeitig wird es möglich, die Wertvorstellungen der Kund:innen gemeinsam im Dialog in nutzbare Parameter für EA zu übersetzen. Nicht zuletzt deshalb schützt die Bionic Advisory auch vor Ignoranz: Die meisten Finanzexpert:innen haben ihre Lieblingsprodukte (Einzeltitel und/oder Fonds), mit denen sie sich wohlfühlen und die sie ihren Kund:innen bevorzugt anbieten. Das Problem ist, dass es unmöglich für ein Individuum ist, mehrere Dutzende, geschweige denn mehrere Hunderttausend Titel und deren respektive Branchenentwicklungen im globalen Maßstab laufend im Blick zu behalten. Daraus folgt eine Art Blindheit für die Lieblingstitel und eine Voreingenommenheit gegenüber neuen oder alternativen Finanzprodukten. Bionic Advisors wissen um diesen Umstand und geben deshalb die Zusammenstellung des optimalen Portfolios ganz bewusst an ihre digitalen Konterparts ab. Das bedeutet jedoch keinesfalls, dass diese Vorschläge aus heiterem Himmel kommen oder dass sie diesen blind vertrauen. Vielmehr haben sie Vertrauen in die Leistungsfähigkeit ihrer digitalen Systeme und in die ethischen Leitplanken, die sie diesen vorgeben. Auch wissen sie um die hohe Qualität ihrer Beratung sowie ihre Fähigkeit, Ängste, Sorgen und Wünsche im Gespräch zwischen den Zeilen herauszulesen.

12.6.2 Quick Fix: Schieberegler für individuelle Werteorientierung

Die bionische Beratung mit KI-gestützten EA setzt einen hohen Digitalisierungsgrad voraus. Für viele in der Branche ist dies zum heutigen Zeitpunkt leider noch Zukunftsmusik. Das bedeutet jedoch nicht, dass Custom-ESG für Sie keine Option ist. Wertvorstellungen und persönliche Einstellungen zu diversen Investmentthemen lassen sich schon heute mit klugen Fragen und digitalen Schlüsseltechnologien (z. B. KI-Anwendungen oder semantische Textanalye) identifizieren – zumindest bis zu einem gewissen Grad. Die wahren Ansichten von Anleger:innen werden oftmals erst im digital-gestützten persönlichen Beratungsgespräch deutlich. Da dies aber nicht für alle Finanzdienstleister:innen (z. B. Robo Advisors) praktikabel ist, bieten sich als Zwischenlösung digitale Schieberegler an, die die Wertvorstellungen von Anleger:innen abfragen – z. B. nach Themen wie Wasser, Energie, etc. oder nach den 17 SDGs. Es gibt im Markt diverse Fintech-as-a-Service Angebote für digitale Portfolio Management Systeme, in denen sich virtuelle Strategien erstellen lassen, die anschließend entsprechend gewichtet den Portfolios der Kund:innen zugeordnet werden können. Auch wenn Schieberegler zusätzlichen Aufwand bedeuten, so können sie einen entscheidenden Unterschied machen: Sie vermitteln ein Gefühl von Empowerment, Personalisierung und Selbstbestimmung und steigern den persönlichen Bezug zum eigenen Portfolio.

12.7   Ausblick

Sowohl Custom ESG als auch die Bionic Advisory befinden sich gerade erst in der Anfangsphase. In den kommenden Jahren werden sie eine Reihe von Entwicklungen durchlaufen, die ich in „Bionic Wealth" ausführlich vorstelle. Einige der wichtigsten bevorstehenden Trends und Innovationen möchte ich hier gerne mit Ihnen teilen.[15]

12.7.1 Bionic Fraud Detection

Die Benfordsche Verteilung deckt Unregelmäßigkeiten auf und könnte ESG und SRI revolutionieren. Seit einigen Jahren findet das Benfordsche Gesetz (auch Newcomb-Benford's Law, NBL) zunehmend Anwendung bei der Bekämpfung von Betrug und Manipulation von Daten in einem weiten Feld der angewandten Wissenschaften. Hierbei handelt es sich um eine logarithmische Gleichung, nach der sich die Wahrscheinlichkeit von Anfangszahlen in natürlich vorkommenden und digitalen Daten bestimmen lässt. NBL erlaubt es Unregelmäßigkeiten in Bilanzen und Abrechnungen zu erkennen – und könnte deshalb künftig „Greenwashing" schon frühzeitig aufdecken. Daneben findet NBL

---

[15] Die Trends sind alphabetisch angeordnet und stellen keine implizierte Wertung der Relevanz dar.

heute auch Anwendung bei der Analyse von Big Data und digitalen Inhalten in diversen Formen.[16]

12.7.2 Evolutionsbionik

Die Evolutionsbionik beschäftigt sich mit dem Potenzial biologischer Evolutionsstrategien für die Organisation und Optimierung komplexer Verfahren und Systeme; insbesondere von solchen die bis dato rechnerisch nur schwer simulierbar sind. In diesem Kontext sind evolutionäre Algorithmen die Zukunft der Portfoliooptimierung. Mit ihrer Hilfe lassen sich herausragende Portfolios generieren und Fitnesstests simulieren. Bisher finden hier jedoch überwiegend Back Testing-Verfahren Anwendung – doch die Vergangenheit ist nicht zwingend der beste Indikator für die Zukunft. Die fortschreitende Entwicklung von Predictive Analysis-Anwendungen wird die präzise Simulierung von Fitnesstests für eine Vielzahl von Szenarien (z. B. Wirtschaftskrisen, Pandemien, geopolitische Unruhen, usw.) ermöglichen und zu noch stärkeren evolutionären Portfolios führen.

12.7.3 Islamic Finance

Islamic Finance wird ein großer Wachstumsmarkt. Wie auch beim effektiven Altruismus sehe ich auch für das Islamic Finance großes Potenzial für die nachhaltige Vermögensanlage. Ich bin überzeugt, dass Islamic Finance in den kommenden Jahren immer wichtiger wird und auch für Vermögensverwalter:innen in Deutschland eine äußerst spannende (und lukrative) Alternative darstellen kann. Aufgrund der unbestreitbaren Nähe zu ESG und der nachhaltigen Geldanlage wird das Thema für viele immer greifbarer. Der Markt antwortet mit einer wachsenden Zahl an Indizes. Gleichzeitig setzt die Islam-konforme Geldanlage ein hohes Commitment, sowie Aufklärung- und Kommunikationsarbeit seitens der Vermögensverwalter:innen voraus.

---

[16] Durch NBL wurde z. B. die Wirtschaftskriminalität von Enron und Worldcom aufgedeckt. Und sogar die manipulierten Wirtschaftszahlen Griechenlands ließen sich durch NBL (nachträglich) erkennen. Im Jahr 2015 gelang es zudem der Professorin Dr. Jennifer Golbeck mittels NBL ein Botnet von 114 russischen Bot-Accounts auf Twitter aufzudecken, während Hany Farid, Informatikprofessor und Experte für digitale Forensik, anhand der Datendichte von Videos und Bildern dank NBL das Ausmaß von Bearbeitungen und Manipulationen digitaler Inhalte (Fotos, Videos, Audiospuren) via NBL nachweisen kann – ein wichtiger Schritt zur Erkennung und Bekämpfung von KI-generierten Deepfakes.

12.7.4 Neurobionik

Die Neurobionik basiert auf der Neurobiologie, der Biokybernetik und der Neuroinformatik. Ihr Ziel ist die Entwicklung von Technologien für die Informationsverarbeitung und -steuerung. Im Zusammenhang der Custom-ESG werden insbesondere Big Data Analytics Tools, maschinelles Lernen sowie künstliche neuronale Netzwerke zunehmend relevant. Sie gestatten es Finanzunternehmen, aus vorhandenen Daten genaue Vorhersagen über die Aktivitäten, Pläne und Ziele der einzelnen Investor:innen zu treffen (Stichwort: Predictive Analysis) und so die Bedarfe – aber auch die Werte – der Kund:innen optimal zu erkennen gemeinsam mit Kund:innen eine transparente und umfassende Finanzplanung aufzustellen.

12.8   Plädoyer an die Branche

Zum Schluss möchte ich Ihnen gerne noch den folgenden Gedanken mitgeben: In der Natur folgt alles – jeder Organismus und jedes Ökosystem – einem fortlaufenden Kreislauf von Kreation und Destruktion, Geben und Nehmen, Leben und Tod. Unkontrolliertes exponentielles Wachstum – die Prämisse des Kapitalismus – kommt in der Natur hingegen nur in Formen vor, die dem Ökosystem tendenziell schaden: Bakterien, Viren, Pilze, Tumore, Krebszellen und Parasiten, die ihren Wirt aussaugen und den nächsten suchen.

Indem wir nicht-nachhaltige Unternehmenspraktiken und -technologien finanzieren und unbegrenztes Wirtschaftswachstum erwarten, fordern und fördern wir aktiv die Unterbrechung dessen, was geläufig als „Kreislauf des Lebens" bezeichnet wird: Eine Ressource, die einem Kreislauf entnommen wird, fehlt diesem – oft mit weitreichenden Folgen, die wir nicht unmittelbar absehen können. In der digitalen Welt kann sie selten einfach ersetzt oder zurückgeführt werden (denken Sie nur an die Energiequellen und das Kühlwasser für unsere Serverparks oder die Kunststoffe und seltenen Erden unserer IT-Infrastruktur (Platinen, Chips, Leitungen, etc.). Während wir also schon über die Besiedlung des Mars nachdenken, zeugt der jedes Jahr früher einsetzende Earth Overshoot Day davon, dass wir es immer noch nicht verstanden haben: Seit dem 29.07.2021 hat Deutschland auf die Weltbevölkerung hochgerechnet mehr Ressourcen verbraucht, als die Erde in einem Jahr erneuern kann.

Wenn wir in diesem Zusammenhang also von Sustainable Finance sprechen, dann reicht es nicht aus, die Entwicklung neuer Algorithmen, Technologien und Systeme zu finanzieren (bionische Lösungen eingeschlossen), solange diese nicht auch erneuerbare Energien und nachwachsende Rohstoffe einsetzen und zu einer nachhaltigen Verbesserung der Umwelt, Gesellschaft und Wirtschaft (ESG) führen, mindestens aber nicht zu einer Verschlechterung dieser. Unser Ziel muss eine funktionierende inklusive Kreislaufwirtschaft sein, die sich an der Natur orientiert.

Die Lösungen dafür gibt es schon. Wir müssen sie nur finden. Im Unterschied zu gängigen Innovationsmethoden, die sich auf spezielle Prozedere und Instrumente konzentrieren und in die kreativen und schöpferischen Fähigkeiten von Menschen vertrauen, basiert die Bionik jedoch auf einem anderen Glaubenssatz: Sie geht davon aus, dass es für jede Art von Problem schon eine Lösung gibt. Diese muss nicht immer offensichtlich sein. In manchen Fällen ist sie abstrakt und sehr gut versteckt. In anderen Fällen ist sie offensichtlich und liegt direkt vor unserer Nase.

Literatur

Kahneman, D. (2011). *Thinking, Fast and Slow*. Macmillan, USA.

MacAskill, W. (2016). *gutes Besser Tun: Wie Wir mit Effektivem Altruismus Die Welt Verändern Können*. Ullstein Buchverlage GmbH, Berlin.

Mühl, K. Y. (2021). *Bionic Wealth: Die nächste Generation der Vermögensanlage ist inspiriert vom Leben. Die große Meta-Studie zu den Chancen und Risiken der Digitalen (R)Evolution im deutschen Finanzbereich, Teil 2*. Independently published, Hamburg.

Stomeo, E. and Caenazzo, S. (2020). Genetic algorithm application to portfolio optimisation. *Riskcare*.

Stichwortverzeichnis

A
AIFM-Richtlinie 22
Amazons Alexa 109
Apples Siri 109
Application Programming Interface (API) 34

B
Best-in-Class 107
Bitcoin 59
Blacklist 54
BlackRock 81
Blockchain 59

C
Carbon Finance 12
Climate Finance 12
ClimateQA 116
CO_2-Footprint 104
CO_2-Indikator 104
Coalition of Finance Ministers for Climate
       Action 74
CoreBanking 34
Cross-Selling 44
CSR-Berichtspflicht 107

D
Dashboard 44
Data-driven 7
Data Products 44
Data Science 36

Data Science Prozess
    Data Mining 38
    Data preprocessing 38
    Explore the data 38
    Interpretation 39
    Model the data 38
Datenpipeline 39
Debt 62
Deutscher Aktienindex 22

E
E-Bikes 105
E-Geld 60
Environmental Finance 12
Equity 62
Ethereum 61
EU-Aktionsplan 14
Europäischn Zentralbank 23
Exchange-Traded Commodities 79
Exchange-Traded Funds 79

F
Federal Reserve 23
FinTech 51
FTSE4Good Index Series 23

G
G20 Green Finance Study Group 74
Global Vectors for Word Representation 112
Google 7

Google Translate 109
Green Bonds 14, 54
Green Deal 75
Green Finance 12
Greenhouse Gas Protocol 56
Greenwashing 106

H
Helsinki-Prinzip 74
High Level Expert Group 14
    on Sustainable Finance 14
Hybridauto 105

I
Impact Council 53
ING Autokredit mit Umweltbonus 105
Internationale Organisation für Normung
        (ISO) 23

K
Kleingeldplus 105
Knowledge Discovery in Database 37
Know Your Customer 47
Kryptoverwahrlizenz 62
Kryptowerte 59
Kryptowährung 60
Kubernetes 36
Kyoto-Protokoll 13

L
Lehman Brothers 61
Lösung, disruptive 61
LSTM-Netze 114

M
Markets in Financial Instruments Directive
        (MiFID) 15
Microservices 30
Mikrokredit 55
Move to Zero 104
MSCI-Methodik 81
Multi-Cloud 36

N
Natural Language Processing (NLP) 109

O
OGAW-Richtlinie 22
One Hot Encoding 111
Orchestrierung 36

P
Proof-of-Work-System 67

R
Rating-Agenturen 61
Regressionsmodell 112

S
Satoshi Nakamoto 61
Schwarmintelligenz 35
Scopes 56
Social Housing Bond 54
Sparkasse Bremen AG 80
Standard & Poor's 500 22
Sustainable Development Goals 16, 53
Sustainable Finance 4
    Disclosure Regulation 75

T
Task Force on Climate-related Financial
        Disclosures (TCFD) 74
Taxonomie-Verordnung 14
The Global Reporting Initiative 23
Transparenzverordnung 80

U
UN's Global Compact 23
United Nations 12
    Conference on Environment and
        Development 13
    Framework Convention on Climate
        Change 13

V
Valence Shifters 117
Vermögenswert, Kryptobasiertes 59

W
Whitepaper 61
Word Embeddings 111

The manufacturer's authorised representative in the EU is Springer
Nature Customer Service Centre GmbH, Europaplatz 3, 69115 Heidelberg,
Germany. If you have any concerns regarding our products, please
contact ProductSafety@springernature.com

Printed and bound by CPI Group (UK) Ltd, Croydon, CR0 4YY

28/04/2026

02098537-0010